# 馬烽無刺

## 回眸中國當代文壇的一個視角

陳為人 著

認識大陸作家系列

# 代序：雜議《馬烽無「刺」》

汪兆騫

　　陳為人以精警犀利的筆致，在《中國作家》連續發表了三篇人物評傳。〈三十功名雲與月〉寫「蘇世獨立，橫而不流」的韓石山與文壇各路神仙的江湖恩仇，大開眼界又讓人莞爾。〈何不瀟灑走一回〉寫「地獄未空誓不成佛」的鍾道新，擁有智慧的煎熬和愚闇的痛苦及那種拈花而笑、進入化境的人生姿態，頗具某種啟示性。這篇深蘊沉鬱、解讀戰士作家「死不瞑目」悲劇的《馬烽無「刺」》，則讓人思緒翻江倒海，心情備覺沉重。

　　作家寫歷史和歷史人物，有兩種態度：一種像詩人荷馬所云：「神祇編織不幸，以使後代歌唱」；一種像馬提亞爾所說：「回憶過去的生活，無異於再活一次。」不管是哪種態度，重溫歷史，不是為了炫耀或承受，而是為了「以史為鏡，可以知興替；以人為鏡，可以明得失」，也為了「品嘗」。

　　《馬烽無「刺」》是一位戰士作家大憂大患、大起大落、大悲大喜、大徹大悟的人生經歷，也可稱是一部共和國沉重的充滿苦難的文藝鬥爭史的一個縮影。儘管作者從理論上難於從正面對這段文藝鬥爭史進行徹底的批判和顛覆，但我們感受到了一種蘊藏在作者心底的沉重蒼茫的憤懣與憂患。很長時間沒有見到這種犀利明快、高屋建瓴式的人物評傳了。

寫歷史，不僅記錄當時，而且表現於後天的描述。

《馬烽無「刺」》回眸已被風雨侵蝕的並不遙遠的歷史時，那塵埋的關於馬烽和文藝鬥爭的往事，是在一種既不失其原貌，又不為原貌所局限的情景中復活和再造的。

陳為人筆下的馬烽，作為有其歷史，有其必然命運與偶然遭際，有其社會角色，又有個性角色的類存在物而被關照，馬烽的形象因此而進入了文學。

在我看來，人物評傳作為文學的一種樣式，其文學性不應理解為局部性的要求。應該如《馬烽無「刺」》，體現於一種素質，一種貫徹於整體與局部、選擇與強調、角度與情調、事件與人物、敘述與議論，以及語言的造詣等諸方面的整體性文學風貌，其間將事件與人物做統一的描述，凸顯了人物悲劇性的命運，使《馬烽無「刺」》具有了明晰的美學風格。

文學是人學，文學是寫人的，也是人寫的。

有眼光的讀者，不僅關心人物評傳中傳主的精神風貌和道德力量，對作者的主體人格更為看重。作者有話語權，「說你行，你就行，不行也行」，對傳主的評價充當著判官的角色。作者自覺、不自覺地將自己的人格物件化，化進了傳主的血肉之中，於是，我們在閱讀《托爾斯泰傳》、《貝多芬傳》和《米開朗基羅傳》「三大英雄傳」時，發現了羅曼・羅蘭的影子。我的朋友作家王剛說：批判別人，「首先是批判自己，我批判社會的黑暗，首先我自己的內心也有很多黑暗，是我們共同構成了社會的陽光和黑暗」。作家寫別人，實際上就是寫自己。《馬烽無「刺」》無疑也讓我們看到了陳為人杜鵑喋血般的懷舊，悲涼的人生感慨和冷峻的理性。

　　批判與理性，實際上是一種歷史見識。在《馬烽無「刺」》中，陳為人對事對人的議論，具有科學的理性精神，「理法而文現」，當閱讀陷入迷茫與困惑的時候，作者一陣見血的妙諦，搖撼人的情感、撞擊讀者的靈魂，具有動人的理性魅力。當然，《馬烽無「刺」》反思馬烽與文壇的理性，更多的是政治層面的，而不是廣泛的文化理性。但陳為人論事衡非的尺度是犀利深刻的，畢竟有了對歷史的反叛和挑戰，有了歷史反思的成分，這是需要膽識和勇氣、需要道義和良知的。

　　「當年，青年馬烽一頭撞在丁玲身上」，這是歷史的巧合，也像老天爺的一個伏筆，冥冥之中，草蛇灰線般暗示著一段傷痛的傳奇，映射出一種強烈的命運感。

　　歷史不堪回首，卻必須回首面對。若想清醒地認識現實，就必須向歷史尋求啟示。歷史可以體驗理性的豐富。作者努力地解讀馬烽，是因為他清醒地認識到，馬烽的悲劇不只是馬烽個人的，也不僅僅是文壇的，而是整個民族的。從丁玲展開的馬烽人生，真是一部充滿悖論的傳奇，一部荒誕的傳奇。自詡首先是黨員，然後才是作家的馬烽，在人們的印象中無疑是「左派」作家的代表人物，然而在多次政治運動中，馬烽又一直作為「右派」被批鬥，這悖論和荒謬，就給馬烽和文壇摻進了幾縷令人啼笑皆非的滑稽：奉調進京當官，卻倉皇逃離；糾纏不清的「山藥蛋派」與「講話派」的爭鬥；與陳永貴三次喝酒，品嘗官場的沉浮如兒戲；同情舒蕪式的康濯，人家卻早已「反戈一擊」；從荒唐的「大連會議」引出一段鬥爭史話；與李束為本是同根生，卻不知誰使相煎急；兩次上調北京夭折的文壇角逐；陷入江青的「拍

照門」，詭譎多變的政治風波；「死不瞑目」的大師的孤寂悲情……。

　　作者沒有孤立地寫馬烽的個人命運，而是把馬烽放在文藝鬥爭、政治鬥爭和文化大背景下來考量、來描述的，這就使《馬烽無「刺」》有了廣闊的視野，有了宏大複雜的背景。

　　馬烽是戰士，是「中共宣傳員」，是個才華橫溢、有「雄文八卷」的優秀作家，但忠而獲咎的馬烽的內心是孤獨的、寂寞的、困惑的、矛盾的、悲涼的。

　　馬烽是個知識份子，知識份子具有自由的理想，要扮演民族專司思考的思想者，並代表這個民族的理性、智慧和靈魂。但文化專制主義要他們無條件地、功利地服從極「專」的政治，被剝奪了自由理性的知識份子，就要抗爭，於是國家就上升到階級鬥爭的高度，用嚴酷的專政手段，鬥爭和整肅文化思想領域的「刺兒頭」。無休止的鬥爭和現代「文字獄」，使共和國的知識份子集體失語，無數有自由理性的人被流放落難，正所謂「積是為治，積非為虐」。以深文周納、羅織罪名，動輒上綱上線的文化專制主義，給文化和文化人帶來了深重的災難。一個社會精英階層的淪落，整個民族也因之而衰敗。馬烽是個有正義感的作家，「事有是非，意難隱諱」，面對冤獄遍及朝野、知識份子噤若寒蟬的局面，他豈能無動於衷，良知未泯的馬烽不時嘆息價值的毀滅，不時發出正義公正的呼喚。人之智慮有所及、有所不及，「小辯者不可以說眾」，這正是他心在流血的根源。「百年不可疏榮辱，雙鬢終應老是非」（杜牧〈懷紫閣山〉），在是非之爭中漸漸老去，對戰士作家馬烽來說，這無疑是一種悲劇，也是一種宿命。

馬烽的一生，忠誠和正義是他生命的兩種基色。曾經走過早春陽光大道，有「八卷雄文」傲視文壇，馬烽應該是春風得意的，但是在他的如花原野上，那麼多同類的冤魂在徘徊，懸在心頭的達摩克里斯之劍寒光逼人，他的心靈輕鬆不了。有著儒家倫理人格的馬烽，只能惹不起，躲得起，想固守儒家恬淡的心境、保持道家虛靜的心態。可惜，伴著他的不是青燈古卷，而是深不見底的「紅色漩渦」。

「到馬烽晚年，集幾十年之生命體驗，在自述人生經歷時用了一個詞——『紅色漩渦』」，我的忘年交唐達成對「紅色漩渦」，做了形象的比喻：一頭撞在「鬼打牆」上。年輕的唐達成用生命中最珍貴的幾十年韶華時光，也沒能躲過這吞噬包括胡風、丁玲、馮雪峰在內的幾百萬優秀知識份子的「百慕達三角」。

馬烽經過沉重的反思，發現了「紅色漩渦」，不再做權力意志的奴婢，重新喚醒作家獨立的個性和人格，這是一種覺醒，也是精神的涅槃。

《馬烽無「刺」》對諸多事件的背景與複雜人物的關係，以嚴密的邏輯，雄辯有力地說理，進行了梳理與分析，坐實了「紅色漩渦」，也坐實了馬烽並非無「刺」。他是不戰則可，一戰便是一「刺」見血！馬烽果真是作家，也是戰士。這是《馬烽無「刺」》的華彩樂章，也是馬烽生命中「勇士不忘喪其元」最精彩的一筆。

當言論自由、政治民主只當作一種招牌，或一種消弭怨憤的權宜之計，而不是作為一種根本制度使用的時候，公民特別是作家，就沒有屬於自己的對世界的獨立判斷，甚至沒有獨立的個性和人

格。在文化專制主義高壓下，為了苟活，大多數作家只能歸順於權力、聽命於政治，像呂熒那樣拍案而起、像梁漱溟那樣敢於與毛澤東當面理論者，又有幾人？但令人百思不得其解又嘆為觀止的是，在權力意志面前，低眉順眼、猥瑣得可憐巴巴的作家們，其相仇和內鬥卻那麼內行、精緻、殘忍，即便是進入改革開放的新時期，這種同室操戈仍未絕跡。在我就職的人民文學出版社，我曾編發過王蒙的「季節系列」（共四卷），那是以小說的形式，呈現新時期以前知識份子的苦難史和靈魂史，《馬烽無「刺」》與之相印證，具有撼人的真實性，成為共和國歷史的佐證，也將文壇的風風雨雨裝進歷史卷宗。

馬烽一生不自覺地陷入了文壇無休止地花樣翻新的「窩裏鬥」，鬥得身心疲憊、心灰意冷，白白耗費生命，浪費手中的生花妙筆。以馬烽的文學功力，他未嘗不能寫出超越「八卷雄文」的經典大作，這是馬烽和許多作家的悲劇。無怪乎彌留之際的馬烽，用濕潤的眼睛投向靈魂的最後一瞥，是那麼觸目驚心！

似乎，那個多災多難的時代早就終結之後，馬烽的悲劇也這樣近乎悲壯地結束了，一佛去世，二佛涅槃，應該是修成正果的喜喪，「死去何所道，托體同山阿」（陶淵明）了。但是且慢，馬烽「心臟停止跳動後，他不合眼，不瞑目」！是不知「何處入黃泉」，還是懼怕「其死也枯槁」？抑或如我的朋友成一所猜，「一定是不忍放手他最鍾情的文學事業」？張石山曾著文，善意地批評馬烽的成名作《呂梁英雄傳》裏的人物簡單化、概念化，把曾為人民和民族做過好事的康順風、康錫雪、牛友蘭打成漢奸、敵人。「己所不欲，勿施於人」，對此，馬烽的良心多有自責⋯⋯《馬烽無「刺」》一開頭，極力鋪陳設下的「死不瞑目」的懸念，最終也

沒有謎底,別猜了,「子非魚,安知魚之樂」。馬烽哦,那投向靈魂勾人心魄的最後一瞥,是一種詰問,還是一種昭示?

（此文原發於《中國作家》紀實版2009年第6期上,是《馬烽無「刺」》一文的同期評論。作者汪兆騫是原《當代》副主編。）

# 引子：投向靈魂的最後一瞥

馬烽遠行之後，我從馬烽愛女夢妮的〈父親住院日記〉中看到這樣的文字：

> ……又是一次劇烈的喘息，面孔青紫，還多出了粉紅色的痰液。就在今天午時，我的老父親再次爆發心衰。我，不忍目睹，從心底拒絕接受這樣的現實。我也懂得生命終有完結的那一天，對於一個八十多歲的老人來說，生命呈現出的狀態尤為脆弱。但理性終究不能代替情感，那種排斥，從心底生發。
>
> ……老爸虛弱地躺在那裏，不時吃力地睜開眼睛在我臉上掃描一下，他的眼神裏有無數的問號，真像一把把利劍扎在我心上。
>
> ……臨別時他的眼睛很濕潤，猶如深不可測的湖水，那淚水卻始終沒有溢出眼眶來。
>
> 我知道爸爸是不甘心的。

馬烽的三個兒子，馬小泉、馬炎炎、馬小林和女兒夢妮在〈與爸爸相處的最後日子〉裏，記錄了一個生命的最終細節：

> ……爸爸為了活下來，忍受了常人難以忍受的太多痛苦。由於反覆不停地輸液，他的四肢幾乎已無可供輸液的血管。護

士為他輸液或抽血化驗，扎得他眉頭緊皺時，他卻安慰護士慢慢來，說：「你們就拿我當試驗品吧。」

……爸爸病情加重，氣管被切開，接上了呼吸機。他不能發聲說話了。每次護士為他吸痰，對他來說都是一次煉獄般的痛苦。他面孔扭曲變形，兩眼露出近乎哀求的神色，但他仍堅持著。

……爸爸不能說話時，我們只能讀他的口型，或是研究他用顫抖的手寫下的「甲骨文」，揣摩他的意思。

馬烽夫人段杏綿寫下了〈請君瞑目〉這樣的文字：

就在割開氣管的前幾天，他還要求再活二、三年。為達到這個目的，他真是忍受著極大的痛苦。那受折磨的樣子，真是令觀者也難以忍受。人常形容骨瘦如柴，他這時已不只是骨瘦如柴，每次幫他活動麻木的腿腳時，都覺得他的小腿如刀背那樣的硌人的手。

……病魔實在太殘忍了，他不要死，他要活！老天爺不給他這兩年的時間，以致在他心臟停止跳動以後，他不合眼，不瞑目。他的願望沒有實現呀！我幾次把他的上眼皮給他摸下來，他每次還是睜開。這是多麼殘酷的現狀。他懷著無限的遺憾，無法彌補的遺憾走了。

投向靈魂的最後一瞥，竟是如此地觸目驚心。

中國幾千年積澱形成的文化觀念，本質上講還是「重死輕生」的。中國人並不看重活人的價值，卻非常追求死人的名分。無論

一生怎樣窮困潦倒、命運怎樣坎坷沉浮，最後只要贏得個「保持晚節」、「善始善終」，走得風光體面，人們也會給他一個「不枉此生」的蓋棺定論。

馬烽的走，可謂極盡一個文化人的隆重和風光：

在馬烽的遺體告別儀式上，中共中央政治局常委國務院總理溫家寶、中共中央政治局委員中宣部長劉雲山、中國作家協會主席巴金向馬烽敬獻了花圈；全國人大常委會辦公廳、中共中央組織部、中共中央宣傳部、文化部、中國作家協會、中國文聯、中共山西省委、省人大、省政府、省政協、山西省軍區、中國現代文學館、香港大公報等單位也敬獻了花圈；中宣部副部長李從軍、中國作協黨組書記副主席金炳華、中國作協副主席陳建功、中國作協黨組原副書記瑪拉沁夫、以及山西省黨政軍四大班子的領導，悉數親赴告別儀式現場為馬烽送行。

再略為瀏覽幾幅為馬烽撰寫的輓聯：

著作等身篇篇堪稱黃鐘大呂　人民作家人民常頌；
品德高尚巍巍標定人生楷模　忠誠戰士忠誠永存。

一生垂範　立德立言　終身躬行；
八卷雄文　如日如月　春秋溢彩。

山西文壇惟馬首是瞻；
往後歲月有烽火在前。

投身抗戰血與火寫成呂梁英雄傳；

奉獻大眾黃土地養育出山藥蛋派。

桃李悲泣痛失一代宗師；
文壇黯然殞淚百世英明。

語言大師大名齊世三晉四代作家敬慕之宗師桃李滿天下德比
黃河水；
人民作家作品等身五湖九洲讀者心儀的名家美名揚世界功高
呂梁山。

先生長逝矣仰之若日月行天；
弟子何痛哉自此如瓦缶棄地。

　　紀念馬烽辭世一週年，煌煌一本五十餘萬字的《馬烽紀念文
集》由山西人民出版社出版。山西省委宣傳部和山西省作家協會在
太原專門舉辦了「馬烽同志追思會暨《馬烽紀念文集》首發式」。
書中收錄了馬烽同志逝世後，社會各界知名人士撰寫的悼念文章及
全國各大新聞媒體的有關報導。
　　馬烽逝世兩週年前夕，曾出版八卷本《馬烽文集》的大眾文藝
出版社又推出一套五卷本、一百七十萬字的《馬烽研究叢書》。作
家周宗奇的《櫟樹年輪──宙之詮釋》，全面而細膩地描述了馬烽
獨特的人生歷程，全書以馬烽的自傳、自述和著者的詮釋補充，構
成了相輔相成的兩大板塊，在人物傳記的寫作上做出了新的嘗試；
評論家段崇軒的《土色土香的農村畫卷──馬烽小說藝術論》，把
馬烽的小說創作置放在一個廣闊的歷史、社會、文化背景中去審

視，發掘了其中的「史詩特徵」、「民間底色」、「烏托邦理想與現實的衝突」等豐富複雜的深層底蘊；評論家楊品的《馬烽評傳》，把馬烽的生平創作和對著者的中肯評述緊密結合，展現了一個立體的、有深度的人民作家的光輝形象；評論家馬明高的《馬烽電影藝術論》，在中國和西方電影發展史的大語境下，論述了馬烽全部電影劇作的思想藝術價值以及歷史局限；《馬烽研究文集》更是匯聚六十年來馬烽評論研究的代表性文章，是一份珍貴的文獻資料彙編。

著書立言，求仁得仁，人生如此，夫復何求？

馬烽為什麼還會耿耿於懷、念念不忘、遣懷不散、「死不瞑目」呢？

馬烽去世後，筆者在與李國濤的交談中，看到了一封信。

信是馬作揖老先生寫給李國濤的。

馬作揖在信中說：

> 馬烽的遺體告別儀式可謂極盡隆重，到的人大概總有二三千，熙熙攘攘，裏三層外三層，我幾乎擠不到前面去同老馬說句告別的話。此情此景，不由得我就想起老馬臨終前不久和我的那次談話。老馬在談話中說，說起來人的一生相交無數，可真正能傾心交談的又有幾人？有些話我也只有同你和李國濤說說……。

李國濤默默無言地把信放回抽屜，深深地嘆了一口氣。

筆者的心為之震顫。

艾菲在〈滄桑閱盡精神在——悼念馬烽〉一文中，有這樣一段
文字：

> 凡是同馬烽一起工作過的同志，都知道他為人處世是非鮮
> 明，原則性強，心地坦蕩得猶如一馬平川，沒有絲毫的曲迴
> 與遮攔，說話、辦事、處理問題，都清明得像一池子透亮的
> 水，既沒有丁點兒渾濁，更沒有一絲兒膩沫，總讓人一眼就
> 能看到底……他從來不繞彎兒、不打埋伏，一就是一、二就
> 是二，直來直去，是啥說啥……。

歐陽修有詩云：「書有未曾經我讀，事無不可對人言。」儼然
一副「君子坦蕩蕩」的儒家風範。

然而，王安石對歐陽修的詩句表示了不以為然。王安石認為：
前一句詩，看似謙虛，實則狂妄（世上書之多，當然是你看不全
的）；後一句詩，則看似坦誠，實為虛偽（誰的內心世界沒有難言
之苦、難言之隱）。

王安石針對性地另撰兩句詩文：「不遂心事十八九，可對人言
未二三。」

王安石比歐陽修有著對人性更為深刻的認識。

生命的經驗泛化為生存的哲學。

馬烽一輩子立言「雄文八卷」，無疑擁有話語權。然而，當
人生舞臺即將拉上終場的帷幕，人生苦短。生死臨界，對一個人而
言，大概最具有「劃時代」的典型意義。在此「生死存亡」的關
頭，人的情感和意識一定會發生峰頂波谷的起伏和變化。原本在人
世間確立的一切價值觀人生觀，統統換了一個角度、變了一個立足

點。人的思維方式由「人生觀」赫然轉換為「人死觀」，「大夢醒來遲」，驀然間大徹大悟地意識到：還有許多未盡之言要對世人傾述。

　　鳥之將亡，其鳴也哀；人之臨終，其言必善。一個靈魂的最後呼喊，值得我們洗耳聆聽。

# 目次

# 從丁玲展開的馬烽人生

歷史的機緣往往是這樣：有時候，你眾裏尋它千百度，卻是踏破鐵鞋無覓處；有時候，你不經意間，它卻會陰錯陽差、鬼使神差般撞到你的面前。

1978年5月，《文藝報》籌備復刊，被逐出京門、流落塵俗二十年的唐達成，迎來了命運的轉機。為調回北京，我陪同唐達成求告到馬烽門上。這堪稱是一次具有文學史意義的晤面。正是在兩人的這次交談中，言者無心，聽者有意，我得以一窺厚重文壇黑幕後的冰山一角。我在《唐達成文壇風雨五十年》一書中有這樣一段記錄：

> ……唐達成突然變得有了訴說的衝動。他們談了許多兩人都熟悉的文壇宿事。有許多我當時不熟悉的名字，所以沒能記錄下來。但關於丁陳一案的有關情節，我記得很清楚。
>
> 唐達成說：「我在調查組的時候，翻閱了當初黨組擴大會的全部會議記錄。我看了當初你的發言，好像是在第七次還是第八次會議上，……。」說到這裏，唐達成望著馬烽，好象是在措詞尋句。停頓好一陣才說：「後來我在落實的時候，聽黃秋耘說，發言的時候，你的手還在抖？」
>
> 「不錯不錯。」馬烽很爽快地予以承認：「你想，會議都開了七、八次，我從頭到尾沒吭聲。這是什麼態度？我壓力越來越大。不能不表態了，我只好說二句。我對人家丁玲、陳

企霞了解個啥，和丁玲好歹還在文講所待過幾天，對陳企霞乾脆啥也不知道。琢磨著說，心裏沒底，手顫抖那是心在跳。」

唐達成說：「其實只是說了幾句比較客觀的公道話，馬上遭到許多攻擊，說你是右傾，說你腳底板站不穩。弄得你在後來的會上還得補上個自我批判，提調門加溫的。」

馬烽說：「不錯不錯。我檢討了。人家做我的工作，當時，人家上面派（兩個人的名字），做我的工作，說人家上面不是搞你，你和丁玲的關係還不如田間和康濯，你這麼一弄呀，就把會場的注意力分散到你頭上。你趕快檢討上幾句就沒你事了。」

唐達成笑著搖頭，說：「沒辦法。我後來不照樣寫了批判丁玲的大字報，貼在機關的院裏。」

馬烽說：「反潮流？我可沒那個膽子。」

……

就是在這次談話中，馬烽很坦誠地對唐達成說：「反丁陳以後，我發現一個問題，文藝界太複雜。你說裏面有宗派吧，他說是路線鬥爭。他說是路線鬥爭吧，你就信？人家都是大人物，你說我們攪到這裏面去幹啥？老唐，你這是又回到是非之地，我勸你一句，聽不聽在你。別摻和，要不，你就留在山西。」

唐達成也頗為贊同：「說得完全對。我不會去趟這灘子渾水。他們誰跟誰怎樣，不是我管的事情，我只埋頭做自己的學問。」

　　就是在這次談話中，唐達成和馬烽提到了「丁、陳反黨小集團」一案。這是中國文壇曠日持久、綿延數十年的一椿公案。當年，青年唐達成、青年馬烽一頭撞在了丁玲身上。

　　小說家鍾道新有句經典名言：「一個人一生遇到什麼人特別重要。你遇到『四人幫』就是一冤假錯案；你遇到胡耀邦就給你平反了。」可以設想，胡雪岩如果不是遇到王九齡、左宗棠，可能成為「紅頂商人」嗎？而如果沒有李鴻章與左宗棠之間的拆臺傾軋，胡雪岩又可能「忽啦啦大廈頃刻倒」嗎？中國有句老話：「成也蕭何，敗也蕭何。」以後的歷史事實證明，丁玲的榮辱沉浮，也決定著唐達成、馬烽今後人生命運的走向。

　　二十五年後，為了撰寫《唐達成傳》，我舊話重提，馬烽對這次黨組擴大會上的發言，做了較為詳細的敘述：

　　「1955年的夏天，作協召開黨組擴大會，題目是檢查《文藝報》。按說，上級部門對下屬單位進行工作檢查，也屬正常範圍。當時《文藝報》的主編是馮雪峰同志，可是對《文藝報》的檢查，重點卻是副主編陳企霞。檢查會開成了批判會，從批陳企霞工作作風粗暴、待人接物有問題，轉到批他鬧獨立王國、拉幫結伙進行反黨活動。從陳企霞身上又扯到了丁玲身上。當時丁玲還在鄉下，於是就發電報把她叫了回來。她一回來就變成會議的重點了，也是批評揭發她鬧獨立王國、拉幫結伙進行反黨活動。說《文藝報》和文研所就是丁玲把持的兩個宗派團體；說她經常向學生們宣揚資產階級腐朽思想，大力宣傳『一本書主義』。說只要有了一本書，就有了一切；說她從不提這是黨的事業，而是處處突出個人，為個人樹碑立傳；還揭發出她在禮堂裏懸掛自己的大幅照片；還說她經常散佈對周揚同志的不滿等等。」

　　馬烽說：「如果我當時只是聽會，一句話不說，也許就沒我的事了。我當時有點不識時務，覺得自己畢竟是文研所的支部書記，明明知道這話不符合事實，沉默就等於認可。我有責任澄清當時的實際情況。一天下午，我忍不住就發了言。我說文研所開辦前，我就向丁玲同志提過建議，我覺得自己要想在創作上有所突破，最重要的是要提高文學素養，最好是能到像延安魯藝文學系那樣的單位學習二年。當時新成立的文化部正在創建戲劇學院、音樂學院，並把原來的北平藝專改名為美術學院。文協為什麼不可以辦個文學院呢？我把我的想法同田間、康濯同志談了，他們也有同感。後來我們又向當時主持文協工作的丁玲同志講了。她說她也正在考慮這個問題。她經常收到一些讀者的來信，大都是戰爭時期根據地土生土長的青年作者，都是要求能有一個學習提高的機會。從長遠來看，這確是個值得重視的問題。她已經在主席團會議上提出來了，大家都認為很有必要。但僅靠文協的力量是不可能辦到的。她打算向中宣部領導正式彙報，爭取能夠早日實現。後來有一天，丁玲召集我們創作組的人開會。她告訴我們說：中宣部不同意辦文學院，因為現在還沒有這個條件，也不是一朝一夕能夠辦起來的。倒是贊成先辦個文學進修班，主要是給解放區湧現出來的那些青年作者有個讀書、提高的機會。暫定名為中央文學研究所，主要由丁玲同志負責進行籌備。丁玲要求我們創作組全體人員投入這一工作，爭取早日實現。籌備中央文學研究所，這是主席團的決議，也是經過中宣部批准的，丁玲是被黨批准來參加這項工作的，這和拉幫結派、搞獨立王國有什麼關係？我從沒有聽她說過『有了一本書就有了一切』；也沒有聽她散佈過對周揚同志的不滿；掛放大照片倒是有這麼回事，可具體經過是因蘇聯作家代表團要到所裏來參觀，教務處

為了增加一點文學氣氛，就在教室牆上掛上魯迅、郭沫若、茅盾等老作家的照片，其中也有丁玲。丁玲同志發現後，立即讓把她的照片取了……我的話還沒有說完就被別人打斷了，而且我立刻就變成了批判的重點。一場大火全向我撲來。說我這是為丁玲抬轎子、吹喇叭；說我是被丁玲小恩小惠收買了的忠實信徒；說我是把黨對自己的關懷培養全記到了丁玲帳上了；還有人說一些非常刻薄的話，污辱人格的話。」

馬烽又說：「我參加革命以後，倒是參加過不少批判鬥爭會，諸如審幹、整風、三查等等，但從來我都不是重點對象，也不是積級份子。也從來沒有受到這麼多人的圍攻。我只是說了幾句真話，竟然落到如此下場，心裏感到又委屈，又生氣。散會後回到家裏，忍不住倒在床上哭起來。段杏綿聽說我受了批判，勸我說，歷來的整風會上大都是過火言論，由他們批吧，只看最後做什麼結論了。我覺得她說得有道理，情緒也就逐漸安定下來。第二天會議照常進行，雖然主要是批判揭發丁玲，但有的人發言中仍免不了捎捎帶帶地敲打我幾句。我只好坐在那裏一言不發。會後，支書又找我談話。她說，組織上知道，田間、康濯和丁玲的關係，比你親密得多。你在會上充什麼好漢？組織上希望你主動做個檢查，免得干擾鬥爭的大方向。田間沒有在會上發過言，也沒有人要他揭發丁玲。可是聽說領導人個別找他談過幾次話。田間是個性格內向的老好人，據說一時想不通跳後海自殺未遂，救起來住醫院了；康濯當時是領導組成員，他揭發過什麼問題，我就不知道了。支書找我談話，可能是一番好意，要我主動做個檢查，趕快過關。可我該檢查什麼呢？那時我腦子裏已亂成了一鍋漿糊，心中十分苦惱。回到家只好和段杏綿商量。她說，反正咱們不能昧著良心給丁玲同志編瞎

話，檢查自己的思想認識總可以吧！我覺得也只能這樣了。於是就
利用休會的時間苦思冥想、寫檢查。我主要是說自己思想不健康，
有崇拜名人、攀高結貴的思想。對她的一切言行只看優點，看不到
缺點，更看不到她目的是要反黨。我這份檢討在會上念完後，別人
沒再提什麼意見，就算是過關了。丁玲也在大會上做過幾次檢查，
但怎麼檢查都不成。黨組擴大會愈開愈大，連外單位的人也擴大進
來了。主要是要她交代和陳企霞的反黨綱領以及叛徒問題。丁玲堅
決不承認有此事。她要求到中組部查檔案，看中央在延安時所做的
結論。但不管她如何申辯，都無濟於事，最終還是把他們定成了
『丁玲、陳企霞反黨小集團』。」

　　馬烽的夫人段杏綿講：「丁玲事件那一段時間，馬烽回家後，
緊張極了，也苦惱極了，都掉了眼淚。他十幾歲參加革命，雖然
也經見過幾次運動，可都沒涉及到自個兒。他也是第一次經見那架
勢。回到家裏就唉聲嘆氣，不分析對錯，有些蒙了，說自己犯了錯
誤，擔心自己是要被打倒了。那時候不認為這是『左』，就是堅持
黨性，要跟黨走。」

　　馬烽經歷了人生中的第一次政治危機。


　　綿延二十五年之久的兩次談話，卻若隱若現著「同一首歌」的
不變旋律。周揚與丁玲之間的糾葛恩怨，扯出個頭就是一團剪不斷
理還亂的亂麻。對於這個中國文壇的一大公案，我在《唐達成文
壇風雨五十年》一書中做了歷史性梳理，不是此處三言兩語能夠說
清的。

　　唐達成有個比喻，說自己是一頭撞在了「鬼打牆」上。用了生
命中最為珍貴的二十年韶華時光，也沒能繞出這一迷魂陣。

李輝對周揚、丁玲的關係，有一段精闢的分析：

> 我們要注意到周揚和丁玲，有一個共同的特點，那就是都願
> 意成為人們環繞的中心。但所表現的方式卻不同。……周揚
> 更願以一個領導者的身分出現在人們中間，也就是說，他
> 個性中的領導欲和權力欲，決定著他許多時候許多場合的選
> 擇。而丁玲，儘管也願意為人們擁戴，但不是借助地位、權
> 力，而是靠文學成就所形成的明星效應。……她樂於以文學
> 的方式與人們見面，便把自己的文學興趣與成就，放在了一
> 個特殊的位置。

「日心說」和「地心說」，一個爭了幾千年的話題。伽里略、
哥白尼為此付出了代價，甚至是生命。大概在任何領域都無法用
「多中心論」做出調和。為這一個古老的「中心之爭」，還要不斷
地付出鮮血和智慧。

馬烽第一次領教了共產黨的鬥爭哲學。

馬烽的傳記作家周宗奇在描述馬烽的人生經歷時用了一個
詞——「紅色漩渦」。

紅色的海洋，你為何不平靜？鬥爭正未有窮期，老譜將不斷
襲用。當年三十多歲的青年馬烽，出道伊始，就身不由己地深陷其
中，以後幾十年的人生歷程，也未能擺脫這一魔幻般的「紅色漩
渦」。

# 欲說當年好困惑

馬烽在與唐達成說到「丁、陳反黨小集團」時說了這樣一句話：「我對人家丁玲、陳企霞了解個啥？和丁玲好歹還在文講所待過幾天，對陳企霞乾脆啥也不知道。」

需要注意的是時間：馬烽說這段話時，正是「萬馬齊喑」的1978年。撥亂反正的十一屆三中全會剛剛開過，丁玲的案子尚未平反。人們從夢魘中醒來，仍然如履薄冰、如臨深淵、杯弓蛇影、心有餘悸、噤口如瓶、噤若寒蟬。

「悠悠歲月，欲說當年好困惑。亦真亦幻難取捨，悲歡離合也曾有過，如此執著，卻是為什麼？……茫茫人生路，是對還是錯？問詢南來北往的客。」

其實，馬烽與丁玲的關係非同一般。

1986年丁玲辭世，馬烽寫了〈歷盡嚴冬梅更香——悼念丁玲同志〉一文，對丁玲做了這樣的回憶：

> 在三十年代後期，我就知道了丁玲這個名字，知道她是一位革命的女作家。紅軍長征剛一到達陝北，她就衝破國民黨的層層封鎖，奔赴革命聖地。在抗日戰爭初期，她曾領導「西北戰地服務團」深入抗日前線進行宣傳工作。那時，我是山西一支抗日隊伍的宣傳員。沒有看過她們的演出，沒見過這位大作家，也沒讀過她的作品。我只是從斯諾所寫的《西行

漫記》裏和人們的口頭傳說中知道這些情況的。一個女同志能有如此作為，我想她一定是個了不起的人物。

我認識丁玲是在全國解放以後，1949年7月全國第一次文代會後，我留在了中國作協創作組，當時是稱文協。不久之後，丁玲同志由東北調來北京，主持作協的工作。我發現她只不過是一位普通的女同志，並不像我想像中的那種叱吒風雲的人物。她和從解放區來的那些老大姐們差不多，沒有大作家的派頭，也不像一位肩負重任的領導幹部那樣嚴肅。說話很隨便，待人又熱情。那時候我和她在工作上沒什麼接觸，也就不可能有更多的了解。後來在辦中央文學研究所，也就是文學講習所的前身的時候，和她的交往才多起來。

我是第一期的學員，上級黨委要我兼任黨支部書記。我不願意幹，主要是怕耽誤學習。我請丁玲同志幫忙，希望她向上級黨委說明我的情況，不要讓我兼任這一職務。她沒有批評我，也沒有講什麼大道理，而是半開玩笑半認真地說：「我這個所長，和街道派出所長是同一級別，沒什麼可留戀的。你怕耽誤學習，我怕耽誤創作，要不咱們散攤吧。」我知道她確有創作計畫，她這樣一位大作家，為了扶植年青一代，可以暫時放棄自己最喜愛的事業，我還有什麼價錢可講呢？

1993年3月，馬烽在常德召開的「丁玲文學創作國際研討會」上，代表中國作家協會、代表丁玲文學創作國際研討會組織委員會做了發言。在發言中有這樣的詞句：「丁玲是我國繼魯迅、郭沫若、茅盾之後的傑出的無產階級作家。」還說：「丁玲是屬於中國的，也是屬於世界的。丁玲是一個具有國際影響的作家，1951年

榮獲史達林文學獎，1986年被美國文學藝術院授予榮譽院士的稱號。」

1996年7月，在長治召開的第七次全國丁玲學術討論會上，馬烽在題為〈丁玲在文壇上再度走向輝煌的出發地〉的發言中，再次對他與丁玲之間亦師亦友的親密關係做了介紹，並講述了二十年間對丁玲磨難歷程的關注和深深懷念之情。

馬烽還講述過二件與丁玲非同尋常的交往：

馬烽說：「1950年，我在作家協會工作的時候，已近而立之年，可還是單身一人。後來經朋友介紹，結識了段杏綿。她也是從老解放區來的。雖然說不上一見傾心，但互相都還覺得滿意。可惜她不在北京，而是在保定河北省文工團工作。這對我們組成家庭就造成了一定的困難。丁玲同志知道這事後，她主動為我幫忙，給河北省委寫信，又找中組部協商，終於把她調來了北京。在我的終身大事上，丁玲幫了大忙。我說，我真要謝謝你。丁玲說，願天下有情人都成眷屬嘛！婚期定在了7月8日。這時間好記，就是『七七』抗戰爆發十三週年第二天。康濯自任總指揮。這是文協成立以來第一件婚事，各有關單位如《人民文學》、《文藝報》，以及一些親朋好友，都打算送些小禮品表示祝賀，康濯就協調他們誰家買洗臉盆，誰家買熱水壺，誰家買枕巾……免得重複浪費白花錢。我和段杏綿則是忙著去區政府登記領結婚證、去照相館拍合影，以及採購招待客人的煙、茶、糖果等。結婚那天，丁玲還親自主持了我們兩人的婚禮。文協食堂這天特意加了兩個菜，全機關會餐。另外還在主席團會議室擺了兩桌酒席，招待外來賓客。我們的婚禮儀式中，有一項就是讓大家在我們的兩張結婚證書上簽名留念。住在文

協機關的領導人沙可夫、丁玲、艾青，《文藝報》副主編陳企霞、
蕭殷，《人民文學》秦兆陽以及創作組成員和來賓們都簽了名。當
時丁玲同志開玩笑說：『你們結婚有這麼多人證明，這是最合法不
過了！』這兩張結婚證應該說是最值得永遠保存的紀念品，可惜在
『文革』中毀了。婚後，丁玲對我們說，按理應該讓你們去度蜜
月，但現在機關很忙，你們就度『蜜週』吧。她批准我們一週的假
期。那時作協在頤和園有幾間房子，丁玲就安排我倆住進了邵窩
殿。房子很寬敞，三間大廈，環境十分幽雅。但就是沒有起火做飯
的地方。那時候，丁玲的母親蔣老太太正好也在那裏療養，住在相
距不遠的一座小院，叫雲松巢。丁玲關心人，真叫無微不至，她事
先已經做了安排，讓我們和她母親一起吃飯，給我們創造了一個美
好的『蜜週』。」

馬烽的傳記作家周宗奇不無欣羨地稱馬烽的婚禮為「世紀豪
華婚禮」。周宗奇說：「說豪華，不是花錢多、排場大，而是一種
用錢買不來、有錢講不成排場的豪華。你想想，文壇巨星丁玲親自
寫信調新娘，而且還成為主婚人。操辦婚禮的大總管和一批具體辦
事的人，是著名作家康濯、田間、胡丹沸、邢野等。送禮的單位是
《人民文學》、《文藝報》之類；出席婚禮的也絕非等閒之輩，沙
可夫、艾青、陳企霞、蕭殷、柳青、蕭也牧、楊朔、還有孫謙、王
之荷夫婦等等；再說何處度蜜月，雲松巢、邵窩殿，都是慈禧太后
的地界；最難得、最稀罕、最無價的是那張眾多作家簽名的結婚
證，真個是空前絕後，再不會有第二份了。你說這豪華不豪華？該
不該叫超豪華？」

馬烽還講述了丁玲、陳明夫婦向他買房子的事：

　　馬烽說：「建國初期，首都房子十分短缺。作協號召作家們自己租房或買房。因為作家們不同於一般的黨政幹部，除了文藝級別工資比較高之外，都有一些稿費收入。如果自己解決了家屬住房，也是減輕了公家的壓力。我們這些作家都是出來搞革命的，只要是國家的號召，都積極回應。當時北京響應這一號召的作家就有好幾位，周立波、趙樹理、楊朔、孔厥和袁靜等都是自己買的房子。隨後田間也買了一處四合院。在這種情況下，我也有了買房子的打算。那時候我已出了三本短篇小說集，一本叫《金寶娘》，一本叫《村仇》，一本叫《周支隊大鬧平川》，還出版了一本民間故事集，題目叫《寶葫蘆》，手裏積存了一筆稿費。另外是當年的供給制已改成了薪金制，我被評為文藝三級，段杏綿也有了一定的工資收入，兩個人的薪水加在一起，也夠一家人生活用了。於是就下決心買房。好在那時候北京的房價也不太貴，錢多可以買好點的，錢少可以買次一點的。從長遠來看，比租房還合算。我當然買不起好的，但願有個住處就行。於是通過我認識的房纖，很快就在北官坊附近的大翔鳳胡同找到一處單門獨院。房子雖然又小又破舊，但間數不少，大大小小有五、六間北屋，還有兩間東屋。房價總共是三千元。花了五百元修繕了一番，又在舊貨市場上買了幾件日用家具。這樣一來，稿費就變成了一座院子。」

　　馬烽又說：「我下決心回山西後，有天晚上，陳明同志來找我。他說他要隨同丁玲一塊去四川下鄉，有些書籍、東西帶不走，還有他妹妹，一直和他們生活在一起，也得有個住處，聽說我的房子要賣，問我是否可以賣給他？我說當然可以。他說房價由我定，要多少，給多少。這處小院子，當初我是花三千元買的，修整花了五百多元。前不久我曾找房纖看過，房纖說近一個時期房價上揚，

至少可以賣到五千元。可陳明同志要買，他們正處在困難時期，我能賺他們的錢嗎？我當即把契約找出來給他看，我說，契約上寫的多少，你就給我多少好了。他說，聽說你修繕還花過不少錢。我說，我們在裏面已經住了兩年多，就算出了房租。就這樣，把房子賣給了丁玲、陳明。」

撰寫馬烽傳記的作家周宗奇還專程探訪了馬烽北京的故居，並寫下這樣一段文字：

> 北京大翔鳳胡同3號馬烽故居（據段杏綿核實：五十年代馬烽居住時為大翔鳳胡同2號，現在改為3號）。現在門口掛著「中國作家協會民族文學」的牌子。老式的對扇大門紅漆剝落，臨街的磚牆也老舊灰暗，只有緊臨一家「三海書店」的大紅招牌方才叫這處老胡同有點生氣。但是，只要往北走上不到一百米，眼前立馬風光大變，就是風光秀美的著名的什剎海！
>
> 什剎海是北京城的發祥地。遼金時稱白蓮潭。元代稱積水潭或海子。到清代，德勝橋以西的水面仍稱積水潭，因北岸有淨業寺，故又叫淨業湖。德勝橋至銀錠橋之間的水面，因其西北岸有古剎什剎海寺，故名什剎海。銀錠橋以東的水面盛產荷花，是當時京城賞荷最佳處，故名「蓮花泡子」。新中國成立後，又分別稱上述三塊水面為西海、後海、前海，通稱什剎海。為了和前三海（北海、中海、南海）區別，什剎海又稱為後三海。
>
> 這地方實在是塊風水寶地，花三千元便能在此覓得一宅，絕對是好運氣。可惜的是，馬烽先生一家在此只居住了大約

三年左右，就輕而易舉地將這處風水寶宅轉手讓人。若要保留至今，在這寸土寸金的什剎海地面，該是一筆多大的不動產啊！

需要指明一點：馬烽的上述行為，絕無絲毫奉承迎合、拉關係套近乎的意思。馬烽一向把金錢看得很淡。把「土改」中分得的房產送給哥哥，把分得的土地送給學校，出任中國作家協會黨組書記後，堅持住在招待所，送上門的一套北京黃金地面的住宅也拒不接收……馬烽諸如此類的事，可說是俯拾即是。

馬烽在「胡風事件」中，還面臨一場必須要「說清楚」的危機。馬烽說：「作協號召大家清除受到胡風錯誤文藝思想的影響，不斷召開大大小小的座談會進行批判。我雖然沒有讀過胡風的著作，和他本人不熟悉，也沒有在胡風主編的《七月》雜誌上投過稿，可會議還是不能不參加。後來胡風問題不斷升級，從資產階級文藝思想的主帥，上升到了『胡風反革命集團』。」《人民日報》也公佈了《關於胡風反革命集團的材料》。作協召開會議的次數就更多了，要求大家交代、揭發胡風的罪行。我沒有什麼可交代、揭發的事，會上也就沒發言。後來支部書記找我談話，問我和胡風私人有什麼關係。我說什麼關係也沒有。她說：『那麼胡風買房子，你為什麼會借給他二百元錢？』我說：『聽說他買房子臨時沒有那麼多現款，他向康濯提出要借五百元，康濯當時手頭現款不夠，就向我借了二百元。人家早就還了，要不你去問康濯。』」

一直由馬烽撫養大的烈士遺孤段惠芬在〈懷念姑夫馬烽〉一文中有這樣一段記載：

我們九口之家的生活費每月也僅一百到一百五十元，全靠爺爺精打細算來維持。曾經為了響應國家職業化的號召，姑夫有三年時間主動放棄薪水，全靠自己的稿費來養家。可他曾經一次就交了九千元的黨費，在當初那是個大得了不得的數目。爺爺知道後痛心疾首地說：「要知道你這樣做，我還不如早點讓家裏人吃得好些，我是給你們省下點錢，以後還得給孩子們成家立業呀！」

在「文革」那場浩劫中，馬烽的大部分藏書、多年積攢的工藝品、齊白石的畫作等許多名貴物品遭到洗劫。後來落實政策，政府出面賠償時，馬烽卻隻字不提。有人勸馬烽，幹嘛不要？這是你應得的補償。他說：「多少人把命都丟了，我們還要什麼賠償。再說國家損失那麼大，個人吃點虧也不算什麼。」

有一次，馬烽發表在《人民文學》上的一篇記述「文革」中與江青做迂迴鬥爭的文章，一個報社轉載了，給馬烽寄來了二千元稿酬。馬烽只留了五百元，將其餘的一千五百元又寄還給報社。他的理由是按現行稿費標準，他的文章不值那麼多錢。

# 馬烽說，懷疑歸懷疑，你是黨員，必須站在黨的立場

「丁、陳反黨小集團」事件之後，馬烽堅決要求離開北京回到山西。

馬烽說：「京華雖好，卻是是非之地。惹不起，咱還躲不起？三十六計走為上。」

馬烽講了他回到山西後的情況：

「離開北京，並不等於一切都過去了。思想上多少還結著顆疙瘩，總覺得對丁玲的處理、對文研所的評價不公正。一些文藝界的老同志，特別是曾經在文學研究所學習過和工作過的同志，碰到一起，難免也要議論一番，都為丁玲同志抱不平，也為自己受到的無形壓力感到委屈。因為那時候有些不了解真相的人，總以為我們這些人是受過丁玲『反黨份子』的污染，難免就產生一些歧視。這些情況，各人都通過各自的渠道，向有關方面進行過反映。後來聽說丁玲自己也向上級黨委寫了申辯書，後來又聽說中宣部一位負責同志成立了一個專案組，專門查證落實丁玲的問題。不久之後，我就收到了這個專案組寄來的一份調查提綱，一條一條查證落實丁玲的所謂罪行。我以對黨負責的精神，實事求是地寫了證明材料。我相信黨會如實把這些問題落實清楚，丁玲的問題一定會得到平反。」

徐光耀在《昨夜西風凋碧樹》一書中，在對丁陳事件進行了詳盡記敘後，發了一聲感嘆：「乾脆就把『丁、陳反黨集團』定成鐵

案，別搞什麼『重審』，其實倒是件大功德，至少可挽救相當一批人，也省得把很多人牽進來共演一臺翻滾大戲。」

現在我們都知道了，「丁、陳反黨小集團」一案，在1955年、1956年短短不到兩年的時間裏，山窮水盡、柳暗花明、滄海桑田、翻天覆地，經歷了數次反覆，直到1957年仍然餘波未止、濤聲依舊。在這場無休無止的翻烙餅中，多少血肉之軀被燒成了「大木炭、小木炭」（陳企霞語）。

在對馬烽的訪談中，我向馬烽提了一個問題：「據我了解，所有與丁玲有牽扯的人，最終的命運都挺悲慘。唐達成就是因為參加了丁陳一案的調查組，了解到一些事實真相，說了幾句公道話，就被打成右派，落難二十多年。你和丁玲有這麼一層特殊關係，在黨組擴大會上又公開為丁玲做了辯護，你受到什麼牽連呢？」

馬烽說：「是呀是呀，這個周揚整起人來是很厲害的。調查組的組長李之璉是從湖北省委調去的，人們當時稱他是包公式的人物。李之璉與丁玲有什麼關係？就是核查後，說了幾句公道話，也被打成右派。說他們是為『反黨份子』翻案。當時凡是文研所的人回到各地，都掛上『丁、陳反黨集團』了。古立高和丁玲有什麼關係？雖然沒戴右派帽子，也和右派差不多，打了個『右傾』，也下去勞動改造了。當時核查小組的人一個也沒跑掉。就我還沒有受到牽連。我是因為當時的宣傳部長盧夢，他了解我的情況，我和丁玲能有啥牽扯呢？我怎麼會反黨呢？黃志剛是我們晉綏的，我回來的時候就和分管我們的省委祕書長史紀言打了招呼。他們就說，你們文藝界就是弄派性呢。在延安的時候就是魯藝一伙、文抗一伙。後來周揚把文抗的基本上都打成了右派。丁玲、艾青、羅烽、白朗、舒群，寫《八路軍軍歌》的公木，都打成右派了。」

　　馬烽說：「這個派性鬥爭害死人。」

　　馬烽是幸運的，他碰上了了解他的老領導、好領導，僥倖地躲過了一劫。

　　馬烽又說：「俗話說，躲得過初一，躲不過十五。我最後還是沒能躲過這場劫難。」

　　馬烽講了他在「文革」中的經歷：「在『文革』中，我的罪名有三條：一是舊省委的黑幹將；二是周揚文藝黑線的代理人；三是丁玲反黨集團的重要成員。前兩條是屬於『共性』問題，因為各地文聯、作協的負責人大都有這兩條『罪狀』。後一條則屬於『個性』問題。這個『個性』問題可把我害苦了。除了一般的挨批挨鬥外，最叫我受不了的是逼迫我交代與丁玲共同反黨的具體『罪行』。我當然交代不出來，既沒有這樣的事實，又不能胡編亂造，我明確知道，說下假話可以臨時過關，但卻後患無窮，那就會變成自己真正的罪惡。所以只能翻來覆去講那些已經講過的事情。於是造反派就進行逼供、進行體罰。白天倒還熬得住，最可怕的是『夜審』。造反派們採用了各種殘酷手段，有一次，竟然打落了我的一顆牙齒……當他們疲憊了，把我押回牛棚的時候，我身上的襯衣、毛衣、棉襖、棉褲都被自己的汗水濕透了，渾身沒有一塊肌肉不在抖動，我連哭的勁也沒有了……。」

　　就此，丁玲的「陰影」如膠似漆、如影隨形，糾纏了馬烽一生。


　　馬烽講述了他回到山西以後，「丁、陳反黨小集團」一案向縱深的發展：

　　馬烽說：「離開北京一年以後，也就是1957年的秋末冬初，我正在農村深入生活，省文聯機關突然打來長途電話，說是中國作

協通知我立即去中央文學講習所開會。究竟什麼事？打電話的同志也說不清楚。當我匆匆趕到北京的開會地點時，只見已經來了好多人，都是原來文學研究所第一期的學員和工作人員，這顯然是因為丁玲問題而召集來的。這個猜想果然沒錯，還沒有正式開會，我們已經得知丁玲的問題不但沒有得到平反，她反而被打成右派了。」

馬烽說：「這個消息給了我們很大壓力，大家都有點忐忑不安，不知道將有什麼禍事降臨到自己頭上。好在正式開會的時候才清楚，這次召集我們來的目的，並不是要整誰，而是要肅清丁玲在我們身上的『流毒』。會上正式宣佈了丁玲是右派，同時還鄭重宣佈，經過查證落實，已經查出丁玲歷史上有自首變節行為，是可恥的叛徒。共產黨的叛徒，在人們心目中，比國民黨的特務還要低。即使你後來對革命有什麼功績，也難以洗刷掉這個最大的污點。既然黨組織宣佈丁玲是叛徒，大家還有什麼可說的？只能自己作上當受騙的檢查，各自帶著沉重的心情離開北京。」

馬烽又說：「不過當時我心裏面頗有點懷疑。我雖然沒有看過丁玲的檔案材料，但她三十年代被捕並不是什麼祕密，她出獄跑到解放區後，同樣經歷了肅反、審幹等一系列政治運動。連我們這些一般幹部的歷史都經過了數次審查，難道對丁玲這樣一個被捕過的領導幹部，能輕易放過嗎？另外使我懷疑的是，一般歷史上有污點的人，平素總是迴避談論這方面的事情，而丁玲不是這樣，在以往和同學們閒聊天的時候，她常常談及她被捕和出獄的情況。1952年夏天，我隨同她和陳明去南京參觀訪問，有一天，她專門領我們去南京郊區看了看軟禁她的地方。難道革命隊伍裏有專門拿自己的污點到處誇耀的人嗎？」

　　馬烽以一位作家的敏銳和直覺做出的判斷和推論並沒有錯。二十七年後，中共中央的「紅頭文件」證實了馬烽的判斷。

　　1984年中共中央組織部下發的〈關於為丁玲同志恢復名譽的通知〉，其中寫道：

　　1955年8月和1957年6月至9月，中國作家協會黨組先後兩次召開擴大會議，對丁玲同志進行批判，定丁玲同志為「丁玲、陳企霞反黨集團」、「右派份子」，開除黨籍。中央於1955年12月、1958年1月先後批轉了這兩個會議的報告。「文化大革命」中，丁玲同志遭誣陷迫害，並被關押五年之久。1975年5月，中央專案審查小組辦公室又將丁玲同志定為叛徒，並報經中央批准。

　　1979年，中國作家協會對丁玲同志被定為「丁、陳反黨集團」、「右派」、「叛徒」的問題進行了複查，做出了改正結論，並於1980年1月由中央組織部報經中央批准同意，恢復丁玲同志的黨籍，恢復政治名譽和原工資級別。但有些問題解決得不夠徹底，且沒有在適當範圍消除影響。為此，特做如下通知：

一、1955年、1957年定丁玲同志為「丁、陳反黨集團」、「右派份子」，都屬於錯劃、錯定，不能成立。對1955年12月中央批發中國作家協會黨組《關於丁玲、陳企霞等進行反黨小集團活動及對他們的處理意見的報告》和1958年1月中央轉發中國作家協會黨組《關於批判丁玲、陳企霞反黨集團的經過報告》，應予撤銷。一切不實之詞，應予推倒，消除影響。

二、「文化大革命」中把丁玲同志打成「叛徒」，屬於誣
　　衊不實之詞，應予平反。丁玲同志1933年5月在上海任
　　「左聯」黨團書記時，因其丈夫馮達叛變後把她出賣，
　　被國民黨特務機關逮捕，押解到南京；1936年4月魯迅
　　告訴馮雪峰，聽史沫特萊說，丁玲曾想找黨的關係。史
　　沫特萊也向馮雪峰說了。9月馮雪峰通過張天翼，與丁
　　玲取得聯繫，在馮的安排下，她由南京逃到上海，然後
　　派人送她到西安，轉赴陝北。丁玲同志歷史上這段被捕
　　問題，從1940年以來，黨組織進行過多次審查，同她
　　本人的交代基本相符。關於說她在南京拘禁期間，曾
　　與叛變的愛人馮達繼續同居和在一段時間內接受過國
　　民黨每月給的一百元生活費的問題，她1936年到陝北
　　後即向組織上交代了。因此，1940年，中央組織部進行
　　了審查，並做出了「丁玲同志仍然是一個對革命忠實的
　　共產黨員」的結論。以後多年來的審查也未發現新的
　　問題，因此「仍應維持1940年中央組織部的結論」。
　　1943年延安整風審幹時，丁玲同志補充交代了她1933
　　年10月給敵人寫過一個申明書，其大意是「因誤會被
　　捕，生活蒙受優待，未經什麼審訊，以後出去後，願家
　　居讀書養母」。丁玲同志這個申明書只是為了應付敵
　　人，表示對革命的消沉態度，沒有誣衊黨、洩露黨的祕
　　密和向敵自首的言詞。

三、丁玲同志在被捕期間，敵人曾對她進行威脅、利誘、欺
　　騙，企圖利用她的名望為其做事，但她拒絕給敵人做
　　事、寫文章和拋頭露面，沒有做危害黨組織和同志安全

的事。而且後來輾轉京滬，想方設法終於找到黨組織，並在組織的幫助下逃離南京，到達陝北。

四、丁玲同志是我黨的一位老同志，在半個多世紀以來的革命鬥爭中和文藝工作中，做了許多有益的工作，創作了許多優秀的文藝作品，在國內外有重大影響，對黨、對人民是有貢獻的。1957年以後，她在二十多年的長時間裏，雖身處逆境，但一直表現好。1979年恢復工作以後，她擁護黨的十一屆三中全會制定的路線、方針、政策，不顧年高體弱，仍積極寫作，維護毛澤東文藝思想，教育青年作家，幾次出國活動，都有良好影響。「事實說明，丁玲同志是一個對黨、對革命忠實的共產黨員」。現決定為丁玲同志徹底恢復名譽；因丁玲同志被錯定、錯劃而受株連的親友和同志亦應一律糾正，推倒一切不實之詞，消除影響。

仍然是「紅頭文件」：1955年12月，中央批發中國作家協會黨組《關於丁玲、陳企霞等進行反黨小集團活動及對他們的處理意見的報告》的「紅頭文件」；1958年1月，中央轉發中國作家協會黨組《關於批判丁玲、陳企霞反黨集團的經過報告》的「紅頭文件」；以及1980年1月，由中央組織部報經中央批准同意，恢復丁玲同志的黨籍，恢復政治名譽和原工資級別，撤銷「右派」和「反黨小集團」的政治結論，但仍維持歷史上有「叛節行為」的結論的「紅頭文件」；現在又是這份中共中央最新的「紅頭文件」。正是這些相左、相悖、相互矛盾的「紅頭文件」形成的「紅色漩渦」，讓人們迷失了政治方向。

在這次談話中，馬烽還說：「懷疑歸懷疑，也只是埋藏在心裏，頂多是和杏綿偷偷議論。這是黨的決議，有「紅頭文件」，你還能懷疑黨？你比黨高明？黨比你站得高，黨比你看得遠，你個人總有局限性。你是黨員，必須站在黨的立場。」

這是共和國之初，二十世紀五十年代的社會集體潛意識。

早在新中國成立初期，頗有影響的著名文藝理論家、文藝批評家陳湧在《人民日報》上發表過一篇文章：〈論文藝與政治的關係〉。其中說了這樣一段耐人尋味的話：

> 無論如何，一個創作者個人的經驗總是有限的，而集中地代表全體人民利益的共產黨和人民政府卻經常總結著巨大的政治經驗，這是任何人即使偉大的天才都不可以和它相比擬的。而這些經驗便體現在共產黨和人民政府的政策裏面。我們的創作者無論如何是應該和這些政策靠近，吸取這些經驗，溶解這些經驗，使它普及到每一個角落和每一個群眾中去。

周揚在1983年年底出版的《鄧拓文集》的序言裏有這樣一段話：「他（鄧拓）對那個時期某些錯誤的政策和做法也持有自己的看法。我以為他那兩年集中寫作的大量雜文，正是他內心這種矛盾心理的一種反映。一個作家發現自己在思想認識上同黨的觀點有某些距離，這是一件痛苦的事。」心有靈犀一點通，周揚對鄧拓當年心態的揣摩，何嘗不是他自己設身處地、以己及人的一種夫子自道。在序言裏周揚還說：「在表達自己正當的不滿時，仍然竭力採取委婉的方式；而當1962年秋冬階級鬥爭擴大化的指導思想

重新抬頭的時候，他就擱筆不寫〈夜話〉這類雜文了。從這裏不難想見，鄧拓同志作為黨員作家，他是嚴於律己，遵守黨的紀律的。」一旦「發現自己的認識和中央的方針、路線有偏離，首先要想到自己的不足」。總而言之，「不可把自己擺在黨之上，以為自己比黨還高明」。

這就是滲透在周揚、鄧拓、馬烽、陳湧這一代文人學者意識中的潛臺詞。我們的黨是英明偉大的，而我們自己則往往是幼稚可笑的，不了解這一點，就獲不得起碼的知識。所處地位越高，則看得越遠，越有全局觀念，高瞻才能遠矚。而我們每一個具體的人，「不識廬山真面目，只緣身在此山中」……諸如此類的思維模式，不斷地把「離經叛道」的想法，納入主流意識形態的軌道。更何況主流話語有強大的輿論導向做後援。

馬烽講述過他1938年入黨時的情形。馬烽的入黨介紹人是當年的部隊宣傳隊隊長唐貴齡，後改名叫唐靖山。

馬烽說：「……老唐還問我對國民黨、共產黨以及同志會的看法。我告訴他說，以前我認為共產黨就是紅軍，紅軍就是共產黨。後來才知道共產黨是為窮苦人謀利益的政黨，紅軍只是共產黨領導下的武裝部隊。國民黨是個有權有勢的大黨，可惜是愛打內戰，不積極抗日，要不是發生了『西安事變』，也不會和共產黨聯合起來打日本。……老唐為什麼要問我這些問題？當時我並沒有在意，只當是閒聊天。等回到駐地後，他給了我一本油印的小冊子，要我祕密閱讀。原來這是一本《中國共產黨章程》。我從頭至尾讀了幾遍，才知道共產黨並不是什麼窮人黨，而是無產階級的先鋒隊。打倒日本、解放全中國只是黨的最低綱領，最終的目的是要解

放全人類，建立共產主義社會。這裏面還談到了黨員的條件、權利和義務，以及黨的紀律。讀了這本小冊子，我才知道老唐一路上並不是和我閒聊天，而是對我政治上的審視。我沒想到老唐就是共產黨員。當我把黨章還給他的時候，他又問了我一些問題，主要是讀後的感想。我都如實回答了。老唐要介紹我加入這一組織，我當然是求之不得了。過了兩天，老唐給了我一張入黨申請表，要我認真填寫。……我把入黨申請表交給老唐以後，好像把心也交給他了。大約過了有半個月，有天傍晚，老唐約我到村外散步，他鄭重其事地告訴我說，上級黨組織已經批准了我的入黨申請。我聽了無比興奮，從今以後，自己成為一個光榮的共產黨員了。我是在祕密環境下入黨的，沒有舉行入黨儀式，也沒有舉手宣誓，但我心裏卻不住地默念：為共產主義奮鬥終生！老唐也一再叮嚀我：今後要加強政治學習，按黨員標準嚴格要求自己，工作中要起模範帶頭作用。從此以後，每逢在書上報上看到『中國共產黨』五個字，或是偶爾在解放社出版的書刊上看到鐮刀斧頭的黨徽圖案，不由得就產生一種親切感。而且從此感到生活更有意義了，也感到無上光榮。可我不能和任何人說，也不能在日記裏寫，只能留在自己心裏。每月我都是按時間向老唐交納黨費、彙報思想情況。在社裏生活和工作還和往日一樣，但我對政治學習抓得更緊了，遇到一些又髒又累的活兒，也總是撲到前面，諸如到外地演出打前站，臨離開時打掃房間，幫炊事員老李劈柴燒火等等。我並不是在自我表現，而是覺得自己既然成了一名共產黨員，就應該吃苦在前，享受在後。」

作家周宗奇在他的《櫟樹年輪‧宙之詮釋》中，這樣評議馬烽的「黨性」：

他們還有一個共同點：做中國共產黨員比當中國作家的歷史要長許多。在他們還遠遠沒有懂得「作家良心」為何物時，「黨性」卻早已成為他們的最高精神追求。

他們的「黨性」形成於可塑性最強的少年時代，又在一個遠離家庭、遠離社會的相對封閉的特殊環境中，不斷得到革命思想的灌輸並真心真意接受了它，其純潔性和堅定性是終生再難更易的。

馬烽先生確實不是一個善於自我表現的人。可他一生由於黨性太強，經常有著不同一般的特殊表現，並為此承載著相應的讚譽與貶毀、欣喜與痛苦、成功與尷尬、走紅與落寞……。

知夫莫若妻。馬烽夫人段杏綿說：「馬烽這個人有個特點，不管他自己再不願意的事情，只要一說，組織上已經做出決定，他就沒轍了，他就是自己受天大的委曲，也要服從組織紀律。」

此話道出了馬烽一生的堅守。在馬烽以後的人生歷程中，他九死而不悔，多次履行著一個共產黨員的職責。這是我在後文中將要講述的故事。

此外還有更深一層的心理內容。

俗話說：一朝被蛇咬，十年怕井繩。在這翻烙餅似的翻滾大戲中，人們都變得杯弓蛇影、疑神疑鬼，惶惶然如漏網之魚、驚弓之鳥。

在上世紀九十年代初，中國文壇上因著巴金「說真話」的命題，有過一場頗為熱鬧的議論。

在丁東對蕭乾的訪談錄〈知識份子應該多嘴多舌〉一文裏，蕭乾說了這樣一番話：「現在大家都學乖了，繞著圈子說話，直截了當的不多。巴金提倡說真話，我想修改一下巴金的『要說真話』，我想加上『盡量』兩個字，盡量說真話，但堅決不說假話。能做到盡量說真話、堅決不說假話也不容易哪，有些事情不好答覆，就只好保持沉默。說真話，別看簡單的三個字，很難做到。」

著名評論家唐達成說過一句類似的話：「法庭上有一句經常重複的話：『你可以保持沉默，但你所說的每一句話都將被作為證言記錄在案。』保持沉默是每個公民的權利，但你說了謊話、假話，則犯下『做了偽證』的罪行。我們每個人的一生，都面臨著歷史法庭的審判。」蕭乾與唐達成是好朋友，他們這一代文化人有著大同小異的思想觀念和思維方式。

蕭乾還舉了一個例子：1955年，在文聯批判並宣佈胡風為反革命份子的會上，書生呂熒跑上臺去說了句：「我想胡風的問題還不是敵我性質。」他馬上被臺上兩位文藝界領導制止（注：郭沫若和茅盾），隨著就有人把他從臺上揪下來，——一直揪到了監獄裏去。幾年後，胡喬木雖然把他救了出來，「文革」期間還是死在監獄裏。至於「文革」期間，像張志新和遇羅克那樣死於說真話的人就更多了。是這些活生生的事例使我對「說真話」做了那樣的保留，但我堅決認為不能說假話。

邢小群在〈錚錚硬漢吳祖光〉一文中寫下這樣一段文字：

蕭乾曾講過，如果他和吳祖光在街上同時遇到糾紛之事，吳祖光肯定會上前抱打不平，而他自己會趕快溜掉⋯⋯。

蕭乾在「文革」中因不堪凌辱曾試圖自殺，後被救起。他在回憶錄《未帶地圖的旅人》一書中告訴我們：

> 我沒死成，反而由於曾企圖尋死而挨了頓批鬥。不過這回批得我口服心服：說我用紅筆留下的那封遺書是虛偽的。是呀，正如三十年代蘇聯肅反擴大化中一些遇難者臨終還大喊「萬歲」是虛偽的一樣。以前我不能理解，他們受屈而死，怎麼還喊「萬歲」。我從自身的遭際中體會出來了：我反正死定了，何不乘此給潔若和孩子求求情，請革命群眾對他們高抬貴手！

確實，在那腥風血雨的年代，能守住「要盡量說真話，但堅決不說假話」這一條底線，有時也需要極大的勇氣，甚至也得準備做出一定的犧牲。

神州大地一時間萬馬齊喑，知識份子成為失語的群體。

蕭乾是一個我非常敬重的文化老人。他們這一代人，在經歷了那麼多慘烈血腥的人生之後，產生以上心態，無疑可以給予充分理解和同情。顧准說：「與其號召大家都做海燕，不如承認大部分是家雀的現實，並維護做家雀的基本權利。」

任何人沒有權利指責別人不去「壯烈」！

有一些挺有意思的巧合或曰雷同。

關於反右時期，馬烽自述中有這樣一段話：「回到機關以後，就碰上『大鳴大放』。我們沒有鳴放。有人後來攻擊我們說，我們知道要『反右』、『抓右派』，所以就不鳴不放。其實我們根本不知道是怎麼回事，這麼大的運動，我們怎麼能知道？當時我們只是

覺得自己是共產黨員，有意見可以通過正常渠道反映，何必貼大字報呢？我們從來就不習慣公開給領導提意見。」

　　馬烽還說了這樣一段話：「反右中，《火花》編輯部的編輯范彪、陳仁友被打成右派，因為他們要搞同人刊物，讓西戎當主編。西戎不答應，還訓了他們一頓。所以上級對這裏的作家還是放心的，都是從根據地來的，不會出問題。姚青苗曾寫文章，說我們是躲在岩石下的企鵝，不是暴風雨中的海燕。文章是在《山西日報》發表的。他也被打成了右派。當時的省委宣傳部長黃志剛，是信任我們的。」

　　馬烽在「文革」中還說過這樣一段話：「山西大學的一個學生找到我和孫謙，說：你們兩個現在面前只有一條路可走，就是參加我們的奪權鬥爭，揭露省委，只要有一、兩張揭露省委的大字報，我保證你們沒事。我們說：『我們是共產黨員，怎麼能去揭露省委？』他說：『那你們可就擋不住這股洪流了。』」

　　對於馬烽的上述言論，周宗奇做出如下詮釋：

　　　　馬烽先生和他的諸位戰友都不會被劃出毛澤東的左派圈子。因為他們熱愛共產黨、社會主義和馬克思主義，那是「胎裏帶」，那是幾十年生命歷程所鑄造的。西戎先生一聽「同人刊物」，肯定馬上就有一種本能反感，將拉他做主編的人「訓了一頓」。所以說「五戰友」是高級知識份子，還不如說他們是忠誠於黨的革命老幹部。馬烽先生說：「自己是共產黨員，有意見可以通過正常渠道反映，何必貼大字報呢？」這絕對是「角色語言」，自己清楚自己首先是黨的人！不參加大鳴大放是一名老共產黨員的本能表現，而不是膽小怕事，更不是預知了這個大「陽謀」。

當年的省委宣傳部長張維慶在評價到「馬西李孫胡」五老作家時，說過一番這樣的話：「他們永遠忘不了自己是人民的作家，首先是黨員作家，因此，他們總是尊重人民群眾的利益和願望，總是站在黨的立場上，牢記自己首先是一個黨員，其次才是一個作家。」

當年的省委書記王謙，對同為「山藥蛋派」代表人物的馬烽、趙樹理有一個極為準確的概括和評價：「馬烽和趙樹理不一樣。馬烽是為黨而寫農民；趙樹理是為農民而寫農民。所以當黨和農民利益一致的時候，他們兩人似乎沒什麼差別。而當黨和農民的利益不一致時，馬烽是站在黨的一邊，而趙樹理是站在農民的一邊。」

段杏綿在談到王謙對馬烽的上述評價時說：「王謙對老馬是非常了解的，王謙評價老馬的那番話是準確的。老馬所謂的『紅頭文件』沒錯，是他一貫的作風。老馬一生就是不說不利於黨的話，不辦不利於黨的事，即便當時想不通，也得服從黨，無條件做黨的工具。」

戰後，波蘭詩人羅茲維克的詩〈悲哀〉中說：「我是一件工具，盲目得像一把斧頭。」

段杏綿在看過上述文字後，強調了一句話：「馬烽尚存作家的良心，在黨的政策與現實相矛盾、相衝突時，他的那種迂迴為農民說話的方式，表現在他的作品中。」

馬烽在講述到他「土改」的經歷時，就頗能看出他高度自覺的「黨性」。

馬烽說：「1947年春末夏初，根據地大規模開展了土地改革運動，當時提出的口號是：『前方打老蔣，後方挖蔣根。』我被分配

到六專署工作團。團長是公安局長譚政文,副團長是報社社長郝德青。首先是集中學習了幾天有關土地改革的文件,然後就確定去崞縣(今原平縣)十八村水地各村進行試點。工作團混合編成十幾個隊,分別進駐各村。我被分配到了大牛堡工作隊。隊長是總工會的老吳,副隊長是六地委宣傳部長老范。我和李玉明同一個單門獨戶的老光棍擠在一盤炕上。大牛堡是個二百多戶人家的村莊,土地肥沃,旱澇保收,可貧富懸殊很大。大部分土地都集中在邸、彭、任三大戶手裏。一般人家都依靠當長工、打短工、租種地過活。租子重、捐稅多,不少人家是攪糠拌菜度時光。工作隊進村後,首先是進行社會調查,整天和貧下中農同吃同住同勞動。訪貧問苦,紮根串聯,啟發他們的階級覺悟;然後就是組織貧農團,講解『土改』政策,劃分階級成分,召開大大小小的訴苦會,和地主們清算剝削帳,進行面對面的鬥爭,最後就是分配勝利果實。」

這是一場剝奪和再分配的運動,其激烈慘烈程度不言而喻可想而知。

馬烽講述過晉綏邊區「土改」運動中的「鬥牛大會」:

馬烽說:「當年晉綏邊區有一個著名的開明紳士,叫牛友蘭。他一直熱衷於興辦教育,先是在本縣北坡村辦了一個小學,後來又在縣城辦了一個興縣中學。在學校裏聘請思想進步人士擔任教員,宣傳抗日思想,開展同國民黨投降派和賣國漢奸的鬥爭。在抗日戰爭初期,賀龍、關向應率領的八路軍挺進晉西北,當時已是隆冬季節,但八路軍戰士還穿不上棉衣,牛友蘭就把自己家復慶永店鋪裏的庫存布匹、棉花拿出來,一次就裝備了八路軍的一個團。後來,牛友蘭又積極回應晉西北行署提出的為抗日『獻糧、獻金、做軍鞋、擴兵』的號召,他自籌資金一萬元,創辦了『興縣民眾產銷合

作社』。他還動員復慶永股東集資二萬三千元，辦起了興縣農民銀行，為我們的抗日部隊籌款。閻錫山發動的『十二月事變』後，牛友蘭再次帶頭出面，捐獻白洋八千元、糧食一百多石，甚至動員本家婦女捐獻金銀首飾。正是根據牛友蘭的這些事蹟，我們的劇團創作了話劇《一萬元》，歌頌牛友蘭為抗日做出的貢獻。這個戲還在邊區的調演中得了一等獎。令人遺憾的是，就是這樣一個功臣，在『土改』時，根據康生在臨縣郝家坡搞『土改』時創造的經驗，康生說，地主的底財是個大問題，一定要把地主埋在窖子裏的底財拿出來。康生還說，逼起底財來就要死人，但死也不怕。於是，又開始向牛友蘭追開底財了。所謂的『鬥牛大會』，就是為追底財，召開了批鬥牛友蘭的大會。在批鬥會上，殘忍地用鐵絲穿過他的鼻子，還讓他的兒子拉上遊街……『鬥牛大會』後不久，牛友蘭就含冤死去了。」

　　這個說來觸目驚心、慘不忍睹的故事，並沒有出現在馬烽的作品裏。

　　馬烽在某次創作談中，關於一個作家能不能只要是現實中曾發生過的真實事件，就可以不加選擇地寫時，說過這樣一番話：「有的題材要自覺地不去寫，因為寫出來沒有好處、沒有用。除了使人們看到社會上一片黑暗之外，沒有其他作用。有些題材不能寫，如涉及到國家機密的問題就不能寫。也有些題材當時不能寫，現在能寫。如抗日戰爭、解放戰爭時期的黨的地下工作，當時不能寫，一寫就暴露給敵人，但現在能寫。所以不是什麼題材都可以寫的，要從黨和人民的根本利益出發。」

　　馬烽大概正是從這一創作原則出發，描述了他所親歷的「土改」：

　　馬烽說：「……我覺得我們土改隊的兩位隊長，在掌握政策上都比較穩妥。鬥爭雖然十分激烈，但從始至終沒死傷一個人。對多年壓榨貧雇農的地主，都是按照中央精神執行『給出路的政策』，同樣給他們留下了一定的生產資料和生活資料，促使他們自食其力，重新做人。」

　　馬烽還講述了一段「土改」工作總結會上的笑話：「分配完勝利果實，全村貧下中農開了個慶祝會。團部副團長龍政委來講了話。他講話一開始就鬧了個大笑話。他說：『今天是個高興的日子！』剛說了這麼一句，全場子的人都哄堂大笑了。原來那時候這村群眾忌諱說『高興』二字。平素人們只說『歡喜』或『喜歡』。不知為什麼他們竟把『高興』二字，當成了男女發生性生活的代名詞。故而一聽這話忍不住就笑了。當時工作隊員本區張區長，忙寫了個紙條遞給龍政委。條子上寫的是：『請勿說高興。』龍政委看了，把條子往桌上一拍，大聲說：『我們打倒封建剝削，土地回了老家，今天正好又是中秋節，為什麼不能說高興？不但貧下中農說高興，我們工作團也要和老鄉們一塊高興！』這等於說：工作團要和老鄉們一塊過性生活。全場群眾笑得更厲害了。有人笑得東倒西歪、前仰後跌；有人笑出了眼淚、笑岔了氣。龍政委覺得莫名其妙，忙轉身問道：『這是怎搞的？』張區長忙低聲給他解釋了一番。龍政委笑著低聲罵了一句：『他娘的，這麼好的兩個字，怎麼在這村變味了！』」

　　「山藥蛋派」作家大概都有把生活中的悲劇做喜劇化處理的創作傾向和寫作技巧。趙樹理的《小二黑結婚》是這樣（趙樹理的人生經歷，我將在《插錯「搭子」的一張牌——重新解讀趙樹理》一書中再做詳盡介紹），馬烽的作品也是這樣。

# 「山藥蛋派」和「《講話》派」

　　《山西大學學報》〔哲學社會科學版〕2001年第6期，發表了張恒的一篇文章：〈一道消逝的風景線——「山藥蛋派」文學的回眸與審視〉。文章中有這樣一段話：

> 「山藥蛋派」的形成，在相當程度上是政治的產物。功利色彩、宣教目的極其濃重，也極易陷入淺白直露或趨時的境地，很難獲得高層次的藝術突破和恆久不衰的文化價值。其審美情趣單一而凝固，接受精英文化的心態偏頗，認識短淺、內容狹窄，手段欠豐，追求思想容量廣闊厚重的自覺意識至為薄弱；封閉多於汲取，自足多於開放，跨文化、跨國別的借鑒頗差，更缺乏對世界現當代文學思潮的客觀考量；視野有限，涉獵局促，門戶之見甚深，切膚之言、逆耳之談也很難吸納。

　　《山西文學》2002年第3期轉發了此文，並在發文的同時，配發了一則「編輯人語」：

> 這是一篇令人痛心，也令人振奮的好文章。張恒先生是山西大學中文系教授，是一位有見識的評論家。作為一位山西省的文化人，他的勇氣尤為令人敬佩。熟悉當代山西文學發展史的人，不管喜歡不喜歡，都得承認他說的大致不錯。此文

> 曾投寄本刊，長期擱置，未予採用，作為編輯，埋沒了好文章，我們向張先生道謙，並向《山西大學學報》（哲學社會科學版）表示敬意。現徵得張先生和學報同意，全文轉載，以饗讀者並聊補我們的過錯。輝煌留給往昔，我們著眼的是未來。若有人願就這一問題展開爭論，我們將闢出版面虔誠以待。

編輯部已然敏感地意識到此文可能會在「山藥蛋派」的大本營南華門引起軒然大波。

果然，馬烽對此文反應強烈。

馬烽在自己的自述裏，專門提到這篇文章。

馬烽說：「張恒在他的文章裏，說我們是跟風的，這不是事實。比如對大躍進，我們也有意見。文藝作品要宣傳共產主義，但與『共產風』怎麼區別？我們曾認真地將這個問題提交給李雪峰同志。他當時是中共華北局書記，跑到太原召開文藝座談會。我們幾個都去了，會上提出這個問題。李雪峰同志說，政策非變不行，不對了就要改，文藝作品也不要光寫政策。我為什麼要寫《劉胡蘭傳》呢？就因為當時要寫大躍進這樣的現實題材不好寫，又不想去說假話，只好去寫歷史題材。」

馬烽在1986年1月18日答《光明日報》記者問時，說了這樣一段話：「三年困難時期，創作上就不大好辦了。原因在哪兒呢？就是政策出了些問題。當時我們也不是沒有看法，就是覺得共產風這麼一颳，颳得人們沒法寫。你寫什麼呢？當然我們的文學創作最終目的是要為共產主義唱頌歌，但是那時颳的共產主義風就是不能歌頌。所以在那個時期，文學創作上是個低潮。全國如此，山西也不

例外。因為不好辦。你歌頌那些共產風吧，覺得有愧於良心。要真正寫些實事求是的作品，又不可能發表。所以後來我們就走了另一條路子，就是寫通訊、特寫。」

還有一個與此類似的細節。馬烽在那個非常時期接任中國作協黨組書記以後，說過這樣一番話：

「我當時所受到的壓力，一方面說我『右傾』的壓力，同時另一方面又說我『老左』的壓力。記憶最深的一次衝擊發生在1990年春天。那天我從人代會場一出來，突然被一群港澳記者團團圍住。他們問，你是馬烽嗎？我說我就是。他們說，我們聽一些作家反映，你不是作家，你算不上作家，你是中共的宣傳員！這真是突然襲擊，一點思想準備也沒有。我平靜了一下，回答他們說，你們前半句說得不對，我怎麼不是作家？從1949年成立中國文協，就是中國作家協會的前身，我就是委員。你們可以去查檔案。這之前我寫過中短篇小說、長篇小說，連載過、出版過，我現在還在寫。難道你們不看文學作品嗎？你們說我不是高明的作家、不是有才華的作家，這都可以，但是說我不是作家，這就犯了常識性的錯誤。你們後半句說得對，說我是中共宣傳員，這沒錯。我從小參加革命隊伍，當過四、五年宣傳員，要說現在仍是我們黨的宣傳員。我是共產黨培養起來的，是毛主席《講話》教導出來的，我不聽黨和毛主席的聽誰的？我說，你們都是某個報社、刊物、電臺、電視臺的記者，你們港澳叫訪員。你們寫文章敢不聽老闆的？如果你們的文章反對你們的老闆，你們還能生存嗎？恐怕早就讓老闆炒了魷魚啦！」

馬烽還說過這樣一個細節：「日本的記者也採訪過我。他們問中國今後是『左』還是『右』？我回答說：『左』、『右』是政治

概念。文藝作品不能以『左』、『右』分，只看它們反映生活的角度和深度。他們問：你們的文藝政策是不是要收？我說：中國文藝會繼續發展。比如賣飯，凡是有營養的，符合衛生標準的，烤鴨也行，烤白薯也行，豆腐腦還行，都可以上市。」

馬烽在一次創作談中，還說過這樣一句話：「文藝說透了是宣傳，外國人講我們文藝創作受限制，沒自由，其實不是那回事，任何宣傳不是文藝，但任何文藝都是宣傳。」

馬烽在1986年1月18日答《光明日報》記者問時，還說了這樣一段話：「我們這批人的特點是：文化程度不太高，文學素養也不太高，書讀得也不夠多。當時我們有個共同點，就是『文學藝術要為政治服務』，這個觀念在我們是比較強烈的，因此，文學創作它當然要考慮社會效果。那時，不考慮經濟效益，首先考慮的是社會效果。……我們這些人雖然有我們的缺點、弱點。但是我們也有我們的好處，這就是對文學的目的性和意義比較明確。這一點，甚至可以說是浸透到血液裏了。我們寫東西都是為了整個的革命事業，而不是為了抒發個人的感情。」

因著對米蘭・昆德拉的閱讀，我們的詞庫裏多了一個詞：「媚俗」。它是「跟風」、「隨大流」的另類表述。「媚俗」和「跟風」，都是對社會主流話語和強勢輿論導向的一種「隨波逐流」。作家張銳鋒寫過一篇很有影響的散文：〈算術題〉，文中對「人生算式」或者說「命運設計」做了寓言式的闡述：「隨波逐流」和「逆流而上」歷來是人生的兩難選擇。順流而下，必然能收到「事半功倍」的效果，在相同的生命步履中，能贏得更大的收益，不失為一種明智的選擇；而逆流而上，則能贏得精神與道德上的喝彩！

周宗奇在評價到馬烽他們這一代作家時，有一番頗見深度的詮釋：

在一部漫長的中國文學史上，還從來沒有出現過這種現象：一個政黨（或一個政治派別、一股政治勢力）能夠清醒地、竭盡全力地、不惜代價地搜求、吸引、培育、訓練一批文學英才，以規範化的寫作信條和方法，去為實現自己的政治綱領而奮鬥不息。但中國共產黨做到了。它以一部《講話》為指南，在延安及其各個抗日根據地那樣一種極為艱難困苦的環境中，居然造就出一大批才華各異而忠心不二的新型作家、藝術家，那麼步調一致，那麼自覺自願，那麼勝任愉快，那麼毫不懷疑地認定搞文藝創作就只能這樣搞。當作家藝術家就只能這樣當，最後終於建立起無愧於自己的黨、無愧於自己所處時代的煌煌業績，並一直延續到現在，始終佔據著中國大陸主流文學的地位。這真是一個空前絕後的文壇奇蹟！且成為現當代文學史上永遠無法劃掉，無法替代的篇章。

馬烽先生等「五戰友」，就是創造這種文壇奇蹟的人物之一。真要以流派學的觀點論事的話，倒不如叫「《講話》派」更為準確一些。不管將來它在中國文學史上的地位如何，有一點可以肯定：比起歷史上那些由幾個人、十幾個人、頂多幾十個人所興起的什麼「花間派」啦、「公安派」啦、「桐城派」啦等等，中國共產黨所興起的這個「《講話》派」，不論人數之多、獨特性之強、影響之大，都是無與倫比的「巨無霸」。

　　1992年，是毛澤東《講話》發表五十週年，恰逢「山藥蛋派」五作家馬烽、西戎、李束為、孫謙、胡正文學創作五十週年。在這一歷史時刻，中國作家協會和山西作家協會在太原召開了「五老作家創作五十年學術研討會」。會上，葛洛在代表中國作家協會的講話中，說了這樣一段話：「五十年來，五位作家以他們的全部創作生涯說明，他們首先是革命戰士，首先是共產黨員，然後才是作家。他們真正做到了為文、為人的一致，作品、人品的統一。正如《呂梁英雄傳》的作者馬烽和西戎所說：『我們在寫這本書的時候，首先想到的不是要當作家，不是要創造什麼高雅的文學，而是要盡一個革命戰士所應盡的天職。對於我們來說，拿筆桿和拿槍桿的意義完全是一樣的。』」

　　焦祖堯在會上的講話就說得更為明確了：「《講話》的發表與山西這一代作家的出現，並不是偶然的巧合，而是歷史的安排。新的時代造就新的作家，都是紮根於解放區的土壤裏，吮吸著新生活的乳汁而成長起來的；都是在《講話》精神的指引下，以表現新的時代、新的人物的全新姿態而走上文壇的。他們的創作歷程，是沿著《講話》所指引的方向，不斷深入生活，跟蹤時代的步伐，譜寫歷史篇章的五十年……《講話》精神哺育造就了山西老一代作家，五作家五十年的創作實踐印證了《講話》精神的正確和不朽的生命力。」

　　隨著時間的推移，當我們獲得新的思維空間和言說空間時，我們再來讀上述講話，真有了另一番深刻的含意。

　　任何歷史評價，都超越不了時代的局限性。

　　說到「山藥蛋派」和「講話派」的師承淵源，有一個不能不提到的人物——周文。

在我整理馬烽的照片時，馬烽夫人段杏綿提供給我一本由上海魯迅紀念館編撰的《周文畫傳》，上面登載了一幅馬烽夫婦上世紀五十年代初贈給周文的結婚照。段杏綿說：「這張照片我們現在也沒有了。周文可以說是引導老馬、老西他們走上創作道路的啟蒙老師。他的命運挺悲慘的。……。」

周文是何許人？胡發雲在〈周文之死〉一文中做了這樣的描述：

> 1952年7月1日，中國共產黨成立三十一週年紀念日，周文猝然離世。那時他正值盛年，剛過四十五歲生日。
>
> 周文死在一個新世道誕生的第三年。那曾是他夢想一世，奮鬥半生的世道。
>
> 周文被定為自殺，黨內除名。
>
> ……當時都聽了關於周文之死的傳達報告，毛澤東有一個八字批示：「自絕於黨，棄之荒郊。」
>
> 周文瞬間失去一切，甚至失去了穿幹部服的資格，套了一身古怪的黑壽衣，被草草葬在了京郊一個普通墓地裏，沒有墓碑。周文夫人鄭育之死死記住了這個無名墓地的位置。數年後，當鄭育之也將被趕出京城之前，她偷偷來到這裏，將周文遺骸轉移到萬安公墓，給他立了一塊碑，上面刻了一個陌生的名字：何開榮。那是周文在老家的原名。
>
> 周文迅速從這個世界消失了。
>
> ……
>
> 周文重新被提起，始於「文革」初期，那是一個極其複雜怪異的動盪歲月。當年陷周文於泥沼的人們，十四年後自己也落入波濤洶湧的汪洋大海之中。周文這個被封存已久的名

字，開始出現在中央黨校的大字報上，一些知情人和群眾組織開始質疑周文之死。被「周文自殺」事件壓抑與牽連了多年的鄭育之——一個三十年代初期入黨，有著許多傳奇經歷的上海灘上的地下工作者，開始了漫長的，艱難的，不屈不撓的為丈夫尋求平反之路。但一直未果，反倒又吃了許多苦頭。一直到了波譎雲詭的1975年，中國現代史上最有影響力的兩個人——毛澤東和鄧小平，一起為周文恢復了名譽。1976年初，周文的遺骨被取出，火化後安放於八寶山。他的骨灰盒上，蓋上了黨旗。

……

八十年代開始之後，我陸續讀到了重新出版的周文作品。那是他在三十年代寫的一批雜文，隨筆，評論，短篇，中篇，長篇……可以說，周文一生中最重要的作品，都在他三十歲以前寫完了。那時，從文學領域發端的白話文運動興起還不到二十年。對於一個遠離政治文化中心，只受過十多年舊式教育，進過兩、三年新興學堂的年輕人，周文無疑是極具文學天賦的，在他動筆寫小說之前，讀過的文學經典，不會超過十部。更可貴的是，在左翼文學中常見那些毛病——狂熱，教條，偏執，功利，廉價的浪漫主義，空洞的鼓動宣傳，甚至直接用文學來組織群眾發動革命……這些，周文都很少沾染。本來，對一個從偏遠邊城來的一個左傾文學青年，這些都是極易受到蠱惑的。周文走了另外一條踏實的路，寫他熟悉的，寫他心中的，由此，我們才看到了像《雪地》、《山坡下》、《在白森鎮》、《煙苗季》等等一大批內容獨特，風格迥異的周文式小說，為中國現代文學留下了

一幅幅不可取代的社會生活畫卷。雪域高原，茶馬古道，險關狹谷，挑夫馬幫，軍閥土匪，山民煙客，家族傾軋，同仁暗鬥，幫派火拼……讀周文的小說，常讓我想起鳳凰城下的沈從文，呼蘭河畔的蕭紅。

周文幾乎是一腳就踏入了中國文壇，處女作就是成名作。他被魯迅先生看作中國最有才華的青年作家之一。1934年，魯迅和茅盾應美國作家伊羅生之約，編選了一本中國短篇小說集，入選二十三位作家，周文名列其中，同時又把周文、劉丹主編的《文藝》月刊雜誌也推薦給了伊羅生。我後來常想，如果周文就在文學之路上走下去，又會如何呢？三十年代他的許多同道師友——胡風，巴金，聶紺弩，靳以，蕭乾，黎烈文，蕭軍，蕭紅，張天翼、沙汀、艾蕪、歐陽山……周文會成為哪一個的相似者？

由西康邊城到十里洋場，周文成為一名作家的同時，也成為一名職業革命家，這兩種身分，編織成他跌宕複雜的人生。

胡發雲對我說：「從周文的家人口中得知，馬烽、西戎與鄭育之一家一直有往來，在他們家最困難的時候，馬烽和西戎還救濟幫助過他們（在困難時期，鄭育之曾寫信給馬烽、西戎，為此馬烽和西戎給她匯去幾百元錢）。」

近年來，中國文壇不斷提起周文這一名字：〈冤死的周文何以被文學史遺忘〉、〈十字路口上的周文研究〉、〈周文，走出延安的第一樁文人案〉等等，我最初讀到周文的文字，是1942年6月他在延安批判王實味的兩篇文章：〈從魯迅的雜文談到實味〉、〈魯迅先生的黨性〉。在這兩篇文章中，他批評王實味「假借魯迅先生

的旗號,拿出貌似魯迅先生的雜文」,「那簡直是在我們的頭上屙屎,在我們的後園挖祖墳」,所以,用不著對王實味採取「同志」的態度。

後來我了解到,魯迅生前對周文是很欣賞的,周文的成名作〈雪地〉就是經魯迅推薦在《文學》雜誌上發表的;周文的第一個短篇小說集《父子之間》,也是魯迅推薦給良友圖書公司的編輯趙家璧的。魯迅向美國漢學家伊羅生介紹左翼文學的代表性作家時,舉的第一個人就是周文,其他還有沙汀、草明女士、歐陽山和張天翼。1936年,美國一記者採訪魯迅,問他中國有哪些最優秀的左翼作家,魯迅列舉的十人中也有周文,其他人是茅盾、葉紫、郭沫若、柔石、艾蕪、沙汀等。周文和魯迅交往三年,通信頻繁,魯迅日記中至少有二十多處提及周文。周文原名何開榮,正是因為仰慕魯迅,才特意取了筆名「周文」。

周文在二十年代創作的作品中,鋒芒畢露的現實批判性與他在批判王實味時所表現的「黨性」、革命性判若兩人,我們看到得是雙重人格。周文的人生經歷是耐人尋味的。

在此背景下,馬烽所講述的他與周文在上世紀四十年代的交往,就有了讓人反覆咀嚼和回味的內容。

馬烽說:「周文是我所尊敬的老一代革命作家,也是我走上文學道路的導師之一。在抗日戰爭後期,我曾在他領導下工作過一年半時間。1944年秋天,我由晉綏文聯調到了《晉綏大眾報》當編輯,這是一份專為基層幹部和廣大農民辦的通俗小報,由呂梁文化教育出版社出版。編輯部總共只有十來個人,是報紙的編輯部,也是出版社的編輯部,一套人馬,兩塊招牌。我去了不多久,社長王修同志就調赴東北開闢新區工作去了,這個工作由中共晉綏分區宣

傳部祕書長周文同志兼任。從這時起，我就在他直接領導下工作了。以前我不認識周文同志，但對他並不陌生。1941、1942年，我在延安部隊藝術學校學習時，曾讀過他的不少小說。據說三十年代在上海時，人們稱他為多產作家。他是長期戰鬥在我們這個解放區唯一的三十年代老作家。由他來領導，我們當然非常高興。那時候他還不到四十歲，但在我們眼裏他已經是老一輩的人了。他穿著像我們一樣的灰布舊軍裝，收拾得比我們整潔，人很清瘦，戴一副近視眼鏡，說話帶有濃重的四川口音，隔幾天，他總要到編輯部來看看，了解一些來稿情況，指出一些編輯工作中應該注意的事項。他除去談工作，幾乎沒有一句多餘的話，談完公事就趕回他的駐村去了。那時他給我的印象是：嚴肅有餘，熱情不足，甚至給人一種冷冰冰的感覺。後來時間稍長，工作接觸多了，我才了解到他像熱水瓶一樣，是個外冷而內熱的人。」

馬烽說：「《晉綏大眾報》從1940年創刊起，一直是和《晉綏日報》住在一個村裏。黨的關係同屬一個總支，生活上也同屬一個伙食單位，連反掃蕩轉移也在一起。周文同志兼任社長以後，他的主要工作還是在晉綏分局宣傳部，兩個月之後，我們便搬到了晉綏分局駐地興縣北坡村，正好和他住在同一個院子裏，那是一排五孔破舊的石窯，兩戶老鄉住著兩窯，我們編輯部十來個人住了兩窯，周文住在最邊上的一窯。那時他也算得上是首長一級的幹部了，但生活條件並不比我們好多少。他和愛人鄭育之以及一個五、六歲的小男孩，還有一個剛出世的小女孩擠住在一起，窯洞中間掛了一塊布幔，後邊是老婆娃娃們活動的場所，前邊靠窗臺擺了一張桌子，那就是他辦公的地方。當時我是編輯部黨的負責人，在1943年冬『搶救運動』中，編輯部有兩位同志被『搶救』

過，我負責『甄別』他們的問題，因而不得不經常去找周文同志
研究。我每次去的時候，他總坐在桌前忙著批閱文件，他除了宣傳
部的工作外，常常還要代分局領導起草一些文件，有時一直要在燈
下忙到深更半夜。他要求我們把《晉綏大眾報》真正辦成粗通文字
的人能看懂、不識字的人能聽懂的通俗報紙。每逢收到新華社的重
要新聞、社論，以及政府的法令文件等，他都要佈置我們縮編、改
寫，最後由他親自審閱、修改定稿。他要我們盡可能在一千個常
用字內做文章，每逢出現嶄新的生字，要求我們在下邊注上同音
字。每逢要用不得不用的新名詞時，下邊都要注上通俗的解釋。
他經常提醒我們要不斷學習群眾語言，有時還要求我們把寫好的
稿子先念給村裏群眾聽，然後根據群眾的反應再修改。他除了強調
報紙的政治性、戰鬥性之外，也強調報紙的知識性和趣味性。在
他的倡導下，報紙上開闢了好幾個新欄目，諸如『天下大事』；
講解自然科學的『科學常識』把風雨雷電、日蝕月蝕等自然現象
用最通俗的語言、最通俗的比喻加以描述，這對破除迷信起了良
好的作用。在每期的第四版上，都要發表一些群眾喜聞樂見的快
板、鼓詞、小秧歌劇、民間故事、戰鬥故事等大眾文藝作品。報
紙辦得越來越生動，發行量越來越多。開頭我們在周文面前有些
拘束，後來在實際工作中便消除了。他的這種認真負責、一絲不
苟的工作作風，深深地感動了我們，生活上也逐漸密切起來。晚
飯後，他有時也到我們窯洞裏來閒坐，看我們用自製的棋子下象
棋，聽我們用自製的樂器演奏民歌小調。遇到他興濃的時候，他
也會拿來他的京胡拉一段西皮二簧，有時候他也和我們在山下的
蔚汾河畔一起散步、聊天。有次聊起了文學創作，我問他，以前
寫過那麼多小說，現在為什麼不寫了？他笑了笑說，黨把我按排

在這樣一個崗位上，我不能扔下這麼多急需要辦的事去寫小說啊！他告訴我，他對工農兵的生活不熟悉，但對各種各樣的幹部倒還了解，他已積累了不少素材，等抗日戰爭勝利後，他還是要寫小說的。」

馬烽還說：「1945年春天，晉綏邊區召開了一次規模較大的群英會。我們參加了大會的採訪工作。會後報紙上當然要對那些民兵英雄、勞動模範進行報導。可是我們的報紙五天才一期，而且是四開小報，就是一期發一個特等勞模的事蹟，三月、五月也登不完。當時周文同志出了個主意：他要我們把這許許多多的有關素材綜合在一起，編寫成長篇故事，在大報上連載。這當然是個非常好的主意，於是這一任務就落在了我和西戎頭上。在周文同志的親自指導下，我們連明徹夜地寫了題綱，和他共同討論修改了幾遍，然後我和西戎分頭執筆編寫，每寫好一段，周文都親自把關審閱，有時候還動筆修改，這就是後來在讀者中引起很大反響的《呂梁英雄傳》。抗戰勝利後，周文同志本打算動手構思他的長篇小說，但他很快接到中央的調令，要他去國民黨統治區的重慶，參與《新華日報》的領導工作。臨行前，他再三叮囑我和西戎，一定要把《呂梁英雄傳》繼續寫下去，並要我們把已經發表的前三十七回做了一番加工整理。不久他就在《新華日報》上把我們的修改稿重新連載發表，後來又在上海出版了這部書的上部。」

馬烽總結般地說：「周文同志是很有創作才華的一位老作家，三十年代他創作的小說，就很受魯迅的賞識。魯迅的文章裏就多次提到他。他還懂俄文，在魯迅的親自指導下，把蘇聯的兩部很有影響的長篇小說《鐵流》和《毀滅》改編成通俗故事出版，從而使這兩部革命名著得以在廣大群眾中流傳。但他一直是把黨的利益擺在

個人的愛好之上，為做黨的工作，犧牲了個人的創作。一切從黨的需要、黨的利益出發。這一點是值得我們每個人向他學習的。」

馬烽師承周文，周文無疑是對馬烽產生過很大影響的人物。周文的選擇和命運最能夠透射出共和國文學史的悖謬之處，馬烽大概亦如是？

事物從來都有兩面。周宗奇在《宙的詮釋》中還講了這樣一番話：

> 張恒先生說：馬烽「他們……謳歌革命、抨擊反動、配合形勢、服務中心……。」也許這說對了一半。馬烽先生在真心認同時勢和潮流時，的確表現得如張上述，言行也好，創作也好，純屬魯迅所說的「遵命文學」。可是另一半呢？當他不認同時勢和潮流時，他還會那麼做嗎？他一生的作為已經說明問題了。他要犯起倔來，雖「革命」不認，說「反動」也幹，無視「形勢」發展，拒絕配合「中心」。……馬烽先生反起潮流來，不像趙樹理、孫謙們那樣氣壯山河、義無反顧、不計後果。他更講究一些鬥爭策略，比如搞一些「以退為進，以守為攻」、「避實就虛」、打「持久戰」之類的花樣兒。這可能就造成人們對他「作家膽識」方面的某些誤解也未可知。
> 當然作家膽識也極具時代性。一個時代的作家有一個時代的膽識標準。超時代的作家膽識極其實貴但很難見到。作為後來者，對前代作家膽識要有一種歷史性的寬容和理解。

　　周宗奇在〈馬烽先生的文人氣〉一文中，記錄了馬烽的膽識和反潮流。

　　1964年，青年馬烽已經變成中年馬烽了。這一年，他遇上了「四清運動」。「四清」運動是「文革」前最後一場、也是最為激烈的一場政治運動。工作隊進村有如大兵壓境，先將「四類份子」和「四不清幹部」嚴加看管，視作寇仇。繼而像搞地下工作一樣祕密進行「紮根串連」，像發展特工一樣吸收「積極份子」，別說中農不能使用，貧下中農中略有一點問題的人也絕不考慮。然後便是狂轟濫炸式的批判鬥爭，逼、供、信是家常便飯，致死人命者比比皆是。反過來，這種氣勢和氣氛也震懾著工作隊員們，人人如臨深履薄，戰戰兢兢，生怕犯了錯誤。可以舉一個幾近笑話的實例。有位先前是依靠對象的貧下中農積極份子，忽然發現他與「四不清幹部」有來往，頓時被視作叛徒，而自己尚渾然不知。他看到一位工作隊員有病，就好心地送去病號飯。這位工作隊員卻嚇壞了，認為這是對方的拉攏腐蝕，決定將這份飯明天一早上交隊部，作為自己立場堅定的佐證。不料第二天早上發現一隻燒餅不見了（後來才鬧清是老鼠跟他開玩笑），只留下一碗湯麵，這便如何是好？跳到黃河也洗不清啊！驚嚇得渾身冒汗，居然將多時醫治不好的病給嚇好了。

　　就是在這種可怕的極左形勢下，中年馬烽就任原平縣施家野村「四清」工作隊隊長。不遠的大牛店村，則駐著中央工作隊。那裏按照黨中央的部署，將所有村幹部集中關在大廟裏，不准回家，不准外出，天天訓話，動不動就來點逼、

供、信什麼的，已經搞出了「輝煌戰果」。你施家野村怎麼辦？查帳、外調，可就是沒有發現多少問題。村支書賈福恒有些文化，將施家野早就搞成了一個全省聞名的模範村，沒有多大問題是實情。但上級工作團不答應，認為馬烽你這個工作隊長「太右了」！怎麼能認定施家野沒多大問題呢？這不是跟黨唱反調嗎？一邊是黨領導的「四清」運動，一邊是天理良心，怎麼抉擇？假如馬烽先生是一個標準的黨員幹部，他自然會毫不游移地跟黨走，黨說怎麼整就怎麼整，也準會在施家野村搞出「輝煌戰果」的。但作家馬烽沒有這麼做，他頂著天大的壓力對眾隊員們說：「你們別怕，有我這個隊長頂著，大不了撤我的職。」硬是堅持著不整人，直到後來黨中央糾正了這一極左偏差為止。賈福恒臨死前，讓兒子寫信給馬烽先生說：你是我一輩子遇見的兩個好人之一。說「好人」顯得樸實，若是說個「好文人」，那才叫準確。

十一屆三中全會以後的中國農村，俗稱的「包產到戶」已成不可阻擋的大勢，至少眼前的事實證明，它於國於民都是非常有利的。但是，對於如此巨變，也有各種各樣的不同看法和不同意見。比如馬烽先生，他對「一刀切」、「一窩蜂」式的「包產到戶」就持反對意見。假如他是一個老練的政治家，儘管心存疑慮，也絕不會訴諸言行，怎麼也要與黨在政治上保持一致不是？假如他是一個圓滑的政客，更要見風使舵，將讚歌唱到比別人還要高八度！可他不是政治家，更不是政客，而是一名有良心的老作家。他覺得「包產到戶」的優越性絕不能否認，但要因地制宜，分類指導，絕不能一哄

而起，一刀切齊。從前說集體化好，人民公社好，那就一切都好，把山莊窩鋪都從山上搬下來，小村合大村，小縣合大縣，結果造成多大的損失和後遺症！現在又從一個極端跑到另一個極端，我們怎麼老從這樣一個怪圈裏跑不出來呢？

老年馬烽如果僅僅有這樣一些不合時宜的想法，也還不算太「迂」。可他不，他還要像唐·吉訶德大戰風車一樣去訴諸行動：老朋友吳象在《人民日報》著文說「包產到戶」是「金光大道」，他跑去找老朋友辯論，說你這個觀點不怎麼科學，就像不能說合作化是「金光大道」一樣，中國的「三農」問題很複雜，絕不會有一種靈丹妙藥就手到病除；有的縣、鄉領導請他去講看法，他就當仁不讓，毫無遮攔地大講不同意見；一位鄉幹部因為不按縣委意圖搞「一刀切」受了處分，他則跑到人代會上為這位鄉幹部叫屈又鳴冤；他更不忘老本行，寫出《野莊見聞錄》等文學作品，堅持宣揚自己的不同觀點。他這種一點不懂得保護自己的文人作派，果然招來嚴重後果：有人向省裏告狀，說馬烽「公開反對三中全會」、「反對鄧小平」。省裏也有人認為問題嚴重，派專人下來搞調查，審作品，著實忙活了一陣子。一位已經退出政界的老戰友笑話他說：「哎呀老伙計，你們這些文人真是的，都老了老了，還惹這種麻煩幹啥嘛！」

在人們的印象中，馬烽無疑是「左派」的代表人物。然而，在「四清」和「文革」中，馬烽卻一直被作為「老右傾」而挨批鬥。

這倒真是富有中國特色的政治現象。說你左你就是左，形左實右；說你右你就是右，假亦為真。

唐達成頗為感慨地說過一句極深刻的話：「說你左說你右，不是因為你觀點發生了變化，而是觀察者的角度不同。」

馬烽晚年也有了舞文弄墨的興趣，他寫了一幅自己頗為滿意的扇面，上面是這樣的文字：「扇子生風需要來回搧動；為人處世切勿左右搖擺。」我沒弄清楚馬烽是滿意扇面的書法還是滿意字的內容。這一聯語，頗能代表馬烽的心曲：無論你說他「右傾」也好，還是說他「左傾」也罷，馬烽儼然是「咬定青山不放鬆」，「管它東西南北風」。

當我們遍視了那些脖頸上安著軸承，看風使舵、順水扯蓬的「風派人物」之後，倒對馬烽這樣固守自己人生信念的人肅然起敬。

關於丁玲，馬烽說過這樣一段話：「我不能向別人訴說，一方面我知道和誰訴說也無補於事；另方面我也不願意給自己招來不必要的麻煩。」

馬烽是坦誠的，他還對我說過這樣一番話：「『文化大革命』的後期，我聽到一個小道消息：丁玲和陳明夫婦，被押解到山西改造來了。並且有人還見過。據說一下火車就被押到吉普車裏開走了。究竟到了哪裏？誰也說不清。不過這也給我點安慰，丁老太太總算也活著熬過來了。那時候不可能打聽到他們究竟在哪裏。老實說，在當時的情況下，即使打聽到，我也不敢去看他們。」

然而，只要政治環境稍微一寬鬆，馬烽還是非常念及舊情的。

馬烽講述了當年丁玲落難山西，他兩次去看望丁玲的情形：

馬烽說：「1978年秋天，我參加了山西省委組織的農村社教工作團，被分派到長治縣工作。從當地文藝界朋友的嘴裏，我知道了丁玲夫婦的確切地址：他們住在長治市北郊老頂山林場樟頭村。

長治縣委縣政府駐在韓店鎮，路過長治時，我決定趁機去看看丁玲和陳明同志。一年前，和我一起工作的孫謙來長治市，就曾打算去看望他們。此事他和長治市委宣傳部說了，答覆是這二人屬中央要案，看他們需經上級批准。孫謙只好作罷。這次我接受了孫謙的教訓，沒要找地方黨政部門，坐上工作團的吉普車，直接開到了村裏。丁玲他們住在一處單門獨戶的普通農家宅院。當我走進她們住房的時候，丁老太太戴著老花鏡正在看報，人樣子沒有什麼大變化，只是比二十年前顯得蒼老了。她看到我，顯得有些吃驚，愣了好大一會兒，這才和我緊緊地握手。她什麼話也沒說，只是飽含著兩眶熱淚。我的眼睛也忍不住濕潤了。這是二十年來第一次見面，經歷了風風雨雨的漫長歲月，本來有好多話可說，但我們誰也沒有提及往事。我不願詢問她這些年來遭受的磨難，也不願訴說自己的經歷，怕的是引起她痛苦的回憶。已經結了疤的傷口，沒有必要再去捅了。她大概也是同樣的想法，我們只是談了一些有要沒緊的話。家裏只有一個幫她料理生活的親屬，陳明同志不在，一清早就搭上村裏拉茅糞的大車到長治城給她買藥去了。丁玲患有糖尿病，有高血糖等症狀，正在服中藥治療。我因急於要去地委報到，坐了不一會兒就告別了。看到她健康地活著，我也心安了。她一直把我送到大門外，緊緊地握了握我的手。車開了，當我推開車門回頭望的時候，只見她仍站在門口微笑著招手。」

馬烽又說了他第二次去看望丁玲的情形：「過了些日子，我把工作安排就緒以後，又去看望了丁玲一次。這次陳明同志也在家。他也顯老了，但仍然是那麼精明強幹。他們的女婿也從北京來了，家裏人一多就顯得熱鬧了。那天我牙疼得厲害，不想說話，連茶水都不想喝。正好他女婿會針灸，臨時給我扎了幾針，果然好多了。

他們留我吃飯，並準備了酒。丁老太太又恢復了她那健談的習慣，不過我們仍然沒有提及那些不愉快的往事。丁老太太告我說，你那天走了以後，老鄉們很議論了一陣子。我問她都議論什麼，她告訴我說，鄉親們說，老丁呀，看來你的冤案快落實了，要不，怎麼會有坐小車的人來看你。她講著這件事高興地大笑起來。」

人是一個迷宮般的矛盾複合體，人是一道哥德巴赫猜想，人是一個司芬克斯之謎，要想客觀、公正、真實地評價一個人不容易。

# 馬烽與陳永貴的三次喝酒

說到陳永貴，馬烽好有一比：

「陳永貴這個人，常常使我想起童年時代正月十五的放『起火』。『呼』地一下子，空中突然呈現出五彩繽紛的景觀，倏而一下又全都熄滅了……。」

馬烽說：「工業學大慶，農業學大寨，陳永貴曾一度是中國農業戰線上一面耀眼的旗幟，後來又成了政壇上的一位風雲人物。那個年代的過來人，男女老少，只要一提起陳永貴三個字，可以說是無人不知無人不曉。就連不少外國人也知道他的尊姓大名。」

馬烽又說：「五十年代末、六十年代初，陳永貴只不過是一個偏僻山村大寨大隊的黨支部書記。到六十年代末、七十年代初，陳永貴除了繼續擔任大寨大隊黨支部書記外，還兼任了縣、地、省三級的要職。後來竟然又成了中共中央政治局委員、國務院副總理。再後來，一下子又貶到北京郊區的一個農場當了顧問，再再後來，在北京的一所醫院裏悄然與世長辭，死得無聲無息，在社會上沒有引起什麼反響。」

馬烽還說：「社會上對陳永貴一直有不同看法，有褒的也有貶的，一會兒畫成個紅臉，一會兒畫成個黑臉，成了川劇中的變臉……我無意對陳永貴進行評價，事實上我也評價不了。只不過我和孫謙因為寫大寨，和陳永貴有過一些交往，打過幾次交道。」

馬烽講述了他與陳永貴的三次喝酒。馬烽以一個作家的視角，通過喝酒的三個典型場景，跳躍式地或者說是意識流地，描繪了陳永貴由驀然輝煌到倏忽熄滅的人生軌跡。

馬烽講述了與陳永貴的第一次喝酒。

馬烽說：「1965年初，『四清』運動還沒有結束。過完春節以後，我正準備返回原平繼續搞『四清』，接到省委通知，叫我去大寨。原來是省委主要領導之一的王大任要去大寨，點名讓我跟他一塊兒去。事實上還不是這麼簡單，那是華北局書記李雪峰要去大寨，同來的還有河北的省委書記。這樣，山西方面的省委領導陶魯笳、王大任等人就都要陪同前往。只是當時我還不明白，這事為啥要拉扯上我。路上才弄清楚是怎麼回事：1964年，山西省委書記陶魯笳在北京開會，周總理給了個任務，搞一部反映大寨的電影，要山西方面拿出本子，由北影拍攝。陶魯笳回來後，與其他領導研究決定，叫孫謙寫劇本。因為他此前寫過一部報告文學《大寨英雄譜》，受到了廣大讀者的好評，產生了一定影響。寫電影劇本的任務，孫謙倒是接受了，但同時又向省委提出要我和他合作寫。理由是：『這是個重大題材，一個人扛不動，需要兩個人抬。』省委領導也就同意了。此事孫謙曾給我透過信，我表示不願參與。這次省委領導拉上我去大寨參觀，看來是非讓我參與不行了。既然省委定了，我也就只好服從安排。」

馬烽的這次「遵命文學」，涉及到共和國歷史上的一個重大背景：

1963年秋，當年還僅是大寨大隊黨支部書記的陳永貴到太原，經新華社記者的引薦，見到了山西省委祕書長毛聯珏。陳永貴向毛

聯玨彙報了大寨1963年夏天遭災後，堅持「三不要」、做到「三不少」的情況，講了自力更生的好處、靠國家救濟的壞處，也介紹了新大寨的建設情況。毛聯玨聞言大受感動，說：「你們這是壞事變好事哩！」毛聯玨繼續向上彙報，山西省委第一書記陶魯笳聽了彙報，立即決定讓陳永貴給省、市幹部做報告。

1963年12月下旬，中共中央華北局在太原開會，專門聽取了陳永貴的彙報。1964年1月，陳永貴奉召到國務院有關部門彙報。國務院有關部門安排陳永貴在人民大會堂向首都各界萬餘名代表彙報。1964年1月19日，陳永貴頭上裹著白毛巾，走上了人民大會堂的講臺。

半個月後，中央人民廣播電臺舉辦了專題連續廣播：「學大寨，趕大寨」，播放了陳永貴在人民大會堂的講話錄音稿。

1964年2月10日，《人民日報》在頭版刊登了新華社記者宋莎蔭和范銀懷採寫的長篇通訊〈大寨之路〉。同天，《人民日報》頭版頭條的通欄標題是：「用革命精神建設山區的好榜樣」，並為〈大寨之路〉一文專門配發了社論。

1964年3月28、29日，毛澤東到河北邯鄲，停車於邯鄲火車站，召見河北省委書記林鐵和山西省委書記陶魯笳，聽取他們的工作彙報。陶魯笳彙報了他在昔陽蹲點的情況。陶魯笳詳細地向毛澤東介紹了陳永貴。毛澤東饒有興趣地聽了陶魯笳的介紹，還問：「陳永貴是哪幾個字？他識不識字？」陶魯笳當即在紙條上寫了「陳永貴」三個字，並說：「陳永貴四十二歲掃盲，今年五十歲，現在能讀報，還懂得什麼叫『邏輯』。不久前，陳永貴在太原做報告，趙樹理聽了很佩服，對我說，陳永貴的講話沒有引經據典，但他的觀點完全符合毛澤東思想和辯證法。」

　　1964年4月，農業部部長廖魯言奉命，親自率領由國務院農村
辦、中國農科院作物所、山西省和晉中地委有關部門人員組成的調
查組進駐大寨。廖魯言一行在大寨考察了二十一天，開了八次聯席
會議，看了許多材料、聽了許多彙報、走訪了許多地方，對大寨的
自然條件、經濟狀況、幹部狀況、思想狀況和發展歷史進行了詳細
調查。5月11日下午，調查基本結束。廖魯言召集中央、省、地、縣
和大寨幹部又開了一次聯席會議。廖魯言對大寨很滿意，他透露了
一條消息：在即將召開的全國人大三屆一次會議上，中央要「把你
們作為一面旗幟」。他告誡道：「大寨可是給吹開了，全國工業上
樹大慶，農業上學大寨，這面旗幟垮下來可不行。」

　　1964年12月21日，全國人大三屆一次會議在北京舉行。次日，
周恩來總理做《政府工作報告》。周恩來依據廖魯言一行形成的材
料，進一步將大寨精神概括為三個要點：第一，政治掛帥、思想領
先的原則；第二，自力更生、艱苦奮鬥的精神；第三，愛國家、愛
集體的共產主義風格。「原則」、「精神」、「風格」，這就是大
寨模式的核心所在。

　　關於中國採用什麼模式搞社會主義的農業，在高層一直存在嚴
重分歧。

　　劉少奇、薄一波等認為生產力水平、工業化程度是農業集體化
的前提條件，離開這些客觀條件，談合作化只能是「空想的農業社
會主義」。而毛澤東則嘲諷這是「小腳女人」的見解，毛澤東認為
最重要的條件在人的心裏，在億萬農民群眾中所蘊藏的走社會主義
道路的積極性。毛澤東斷定「土改」之後農民有這種積極性，對此
若不及時利用，等到農民不那麼窮了，新富農大批出現了，這種千

載難逢的歷史良機就要錯過。那時再讓農民走上集體化的道路，將成為一件極其困難的任務。

毛澤東高度強調精神力量，主張政治掛帥、思想領先。其中有著極為深厚的歷史文化淵源：中國革命「小米加步槍」打垮蔣介石八百萬軍隊的美式裝備，靠的就是一股「天翻地覆慨而慷」的革命精神；八年抗戰對付武裝到牙齒的日本軍國主義，還是依憑著這股一往無前的民族精神；我們的國歌唱道：「用我們的血肉，築成我們新的長城！」黃繼光用血肉之軀去堵槍眼；董存瑞用血肉之軀做炸藥包的支架去炸橋頭堡等等，宣揚的也是這種「戰無不勝，攻無不克，無往而不勝」的革命英雄主義的精神力量。

毛澤東相信「精神原子彈」的威力。

毛澤東一向推崇「榜樣的力量是無窮的」。在我們曾經借鑒過的「史達林的集體農莊模式」遭到慘痛失敗之後，在「三面紅旗」遭遇「三年自然災害」的嚴重挫折之後，毛澤東一直在殫精竭慮地思考著中國的農業發展模式。毛澤東的目光開始物色他中意的旗幟。

中國早就需要一個路標式的樣板村了。習慣於大搞群眾運動，擅長於以點帶面、典型引路的中國共產黨人，早在合作化完成之後，就試圖樹立這樣一個樣板了。

從王國藩的窮棒子社、李順達的金星農業生產合作社，到「三面紅旗」階段號稱接近共產主義天堂的徐水人民公社，每一個歷史階段都有著這一特定時期的樣板和典型。數億中國農民的前進方向，需要一面旗幟指引。

陳永貴的實踐與毛澤東頭腦中的烏托邦藍圖發生了某種吻合。在這場即將到來的全民運動中，陳永貴將扮演一個重要角色，他的

所作所為將對毛澤東的判斷和決策發生影響，他本人的命運也將與
這場大試驗密切相連。

正是在這一背景下，1964年12月26日，三屆人大一次會議期
間，毛澤東邀請了作為中國新型農民代表的陳永貴參加了自己的生
日宴會。毛澤東的生日宴會在人民大會堂舉行。在一間不大的房子
裏，品字形地擺了三張桌子。毛澤東在上方的一桌，陳永貴極榮幸
地被安排在毛澤東身邊就座。吃飯的時候，毛澤東對陳永貴笑道：
「你是農業專家噢。」陳永貴聽不懂毛澤東的湖南話，只是一個勁
地連連點頭，咧著嘴使勁笑。有人在一旁翻譯道：「主席說你是農
業專家。」陳永貴聽了立刻又搖起頭來：「不，不，我不是農業專
家，不是農業專家。」毛澤東問起陳永貴的年齡，陳永貴答道：
「五十啦。」毛澤東笑道：「五十而知天命嘍。」

毛澤東借用孔聖人「知天命」一詞，說得頗有「一語道破天
機」的意味。

馬烽說：「1965年春節後的一天，孫謙告我說，陳永貴正好來
省城參加個座談會，他已經約了陳永貴第二天到家裏來和我見見，
認識一下。我當然很高興，我倆當即商定在我家與陳永貴『共進午
餐』。聽老孫講，陳永貴也是愛喝兩杯，那年他在大寨，有時開會
開到深更半夜，肚子一餓了，就去敲開供銷社的門，買兩瓶酒，買
兩筒罐頭，和陳永貴喝酒聊天。錢當然是老孫掏腰包，因為陳永貴
是靠勞動分紅過日子的……陳永貴給我的第一印象：他不像當時的
村幹部，純粹是一個地地道道的山區農民。他穿一身黑色的棉襖、
棉褲，腳上是一雙砍山鞋，頭上包一塊白羊肚毛巾。古銅色的長臉
上刻滿了很深的皺紋。嘴唇比較厚，牙也比較長，牙縫也比較寬，

猛一看，好像土圍牆上安了個柵欄門……我家準備的午飯尚可，除了一些下酒的冷盤熱菜以外，還有一個大火鍋。這大多是過春節的剩餘物資。我還特意準備了兩瓶汾酒，打算三個人痛飲一番。陳永貴沒說什麼客套話，坐下來就和我倆對酌。我們就這樣『東溝裏一犁，西坡上一耙』地聊了起來。」

馬烽講述了他所理解的「大寨精神」：

1963年8月，大雨一連下了七天七夜，降雨量高達五百多毫米，超過了前一年的全年降雨量。作為小山村的大寨，山洪暴發、江河橫溢、房倒屋塌。全村一百多間房和一百多孔窯洞，塌得只剩下十二間房和五眼窯洞可以住人。三百六十多口人無處安身。村裏泥濘不堪，陳永貴帶領大寨人苦心經營了十一年的梯田，也毀了個一塌糊塗。山溝裏到處是稀乎乎流下來的泥灘，玉米地倒成了一片。十年來壘下的一百多條石壩也塌了。蘋果園裏，不少果樹東倒西歪地露出了樹根。人們被突如其來的災難打擊得垂頭喪氣、悲觀失望。滄海橫流，方顯出英雄本色。陳永貴此時此刻再一次表現出了鼓動農民的天才。陳永貴是很有演說口才的，災害發生時，他正在縣裏開人大會，出乎所有人的意料，陳永貴回到村裏見到愁眉苦臉的鄉親們時，拱起雙手說：「我回來是給大家賀喜哩！」鄉親們都愣住了，你看看我，我看看你，陳永貴是不是瘋了？陳永貴是不是酒喝多了？陳永貴掃了一眼呆呆望著自己的鄉親們，反問一句：「人在還不是大喜？自古常說，留得青山在，不怕沒柴燒。山是人開的，房是人蓋的，有人就什麼也不怕！刮了地我們能修，塌了土窯我們修瓦房，塌了瓦房修新房！壞事能變成好事！」大寨人此時此刻需要的正是主心骨。在毀滅性的災害面前，大寨人在陳永貴的帶領下，表現出一股勇於戰天鬥地的英雄氣概。陳永貴呼喚起蘊藏

在普普通通農民心底的理想主義的奮鬥精神。大寨人提出了「五年恢復土地，十年修建房屋」的重建家園計畫。

遭災不久，一位公社領導給陳永貴打電話，說撥給了他們八十元醫藥補助費。陳永貴答道：「把錢給別的兄弟隊吧，我們沒有傷病員。」

過了幾天，公社又來電話，說撥給一百塊錢買葦席，搭些席棚當臨時住處。陳永貴又謝絕了：「我們大寨有葦地，也有錢來買席，救濟別的兄弟隊吧。」

第三次救濟來得動靜很大，一輛馬車拉著寒衣進了大寨。陳永貴和幾位幹部招待車把式吃了頓便飯，沒讓卸車，在眾目睽睽之下，又讓人家把衣服原封不動地拉回去了。

不少大寨社員對此也不能理解，說別人「找還找不到，尋還尋不來，送上門來，你們不要，這光景還怕過得太富裕了嗎？」有的罵：「傻瓜子幹部！」還有的說：「不就是為了要當模範麼！」

陳永貴很善於把自己的想法變為大寨大隊黨支部的集體想法，進而再變為全體村民社員的想法。一天早晨，陳永貴和賈進才相遇，蹲下來抽煙，聊起了救濟的事。陳永貴問賈進才：「你說咱要不要國家的救濟？」賈進才一貫忠厚，善於替別人著想，他說：「我想是不能要。水泉大隊今年遭災，勞動日每人預分五分錢，怎也得先救濟他們才對。」

陳永貴召集黨支部會議，他們分析了有利條件和不利條件，研究了政治影響和經濟利益，最後堅定地提出「救災三不要」的口號：即國家的救濟糧不要、救濟款不要、救濟物資不要。大寨在三次拒絕了小額的國家救濟之後，又第四次謝絕了國家撥給的恢復土地和修建房屋的款項，把這筆錢轉給了水泉大隊和孟山大隊。

陳永貴說：「我們真的傻？我們不傻。國家是我們的國家，集體是我們的集體，人民是我們自己的人民，我們自己能夠戰勝的災情、能夠辦到的事情，為什麼要依賴國家呢？不能只看到當時國家給我們那麼多財富，要看到另一個問題，就是那樣下去，會不會使大寨的貧下中農社員養成遇到困難就依賴國家，躺到國家身上呢？」

大寨人在災害面前，繼提出「三不要」之後，很快又提出了「三不少」，即社員口糧不少、勞動日分值不少、賣給國家的糧食不少。

馬烽在講述到這些細節時感概地說：「我們現在有不少的縣，把能申請成為『貧困縣』、吃上國家的救濟糧，認為是聰明能幹，沾了便宜。躺在國家身上坐吃現成，就是不想辦法脫貧。現在是物質刺激壓垮一切，再不提什麼精神的作用……。」

馬烽還說：「當年，對於我們這樣一個一窮二白、物質條件很差的農業國家來說，控制個人私心雜念的無限膨脹，選擇走一條自力更生、艱苦奮鬥的路，恐怕也是符合我們國情的一種沒有辦法的辦法。」

馬烽還說：「人畢竟不是動物，人總還是要有點精神的。」

酒逢知己千杯少。馬烽的創作思路與陳永貴的精神產生了共鳴。

馬烽說：「接受任務後，我就跟著孫謙去大寨生活了一段，又訪問了昔陽、盂縣、平定、榆社等凡是當時學大寨學得好的地方，然後坐下來編故事、寫劇本。我們採用了大寨本身的一些素材，設計了一個叫『亂石灘』的村子學大寨的過程，這樣就可以出現劇中人直接到大寨參觀學習的場面。用了整整一年時間，終於寫出了《千秋大業》的初稿。

在馬烽與陳永貴第一次喝酒時，還發生了一段小插曲：

馬烽說：「孫謙給我們做介紹時，大約是為了引起陳永貴對我的重視，把我的職務都說了，什麼省文聯副主席、省作協主席、省委委員等等。陳永貴對此沒有什麼特別反應，只是一般地和我握了握手。他的手像老樹皮一樣粗糙堅硬。寫電影劇本的事，陳永貴早已知道。孫謙為了說明省委對這事的重視，特別強調了我本來已經擔任了一個村『四清』工作隊長，是特意為寫電影劇本抽調回來。誰想孫謙這麼一說，陳永貴不冷不熱地對我說：『那你在四清中一定整出不少麻袋、票票吧？』所謂『麻袋』、『票票』，是『四清』中的通用名詞，意思是指村幹部貪污了多少糧食和錢。從他問話的語氣中，可以聽出他對『四清』中的做法很有意見。後來我到大寨深入生活，才了解到：就在陳永貴參加全國人大會，參加毛主席的生日宴席時，一支『四清』工作隊像搞『土改』時那樣，在大寨紮根串連。派到大寨的『四清』工作隊的隊長叫張子儀，是晉中地委組織部副部長。『四清』運動就是要整那些『四不清』的幹部，當然就是用不信任的眼光打量大寨的領導班子。陳永貴並不怕『四清』，他自信大寨的幹部一沒有貪污挪用，二沒有多吃多佔，三沒有當官做老爺，大寨在『四清』中也能當個先進典型。因此他就讓大家協助工作隊開展工作。陳永貴沒想到的是，工作隊完全撇開大隊黨支部，撇開他陳永貴，只管在下面紮根串連，發動群眾、清查帳目，尋找大寨幹部的毛病。張子儀不信大寨會沒有一點問題，用當年張子儀的話說：『就是一面紅旗吧，旗杆上也難免生幾隻蟲子。』在此之前，已經有了大寨隱瞞地畝、多報產量，騙取榮譽的種種傳聞。工作隊聯絡一些挨過整、受過氣的社員，發動群眾揭發檢舉，白天黑夜地組織幹部們開會學文件，『洗手洗澡』，

追問各種問題，走家串戶地挖情況，搜尋著陳永貴和大寨幹部『四不清』的證據。當陳永貴滿心歡喜地從北京回來的時候，『四清』工作隊認為已經抓住幾個挺像樣的問題了。村裏的氣氛也鬧得挺緊張，社員不敢輕易跟幹部說話，好像他們是階級敵人，需要劃清界線……。」

馬烽這個「四清」工作隊長，正好撞上了陳永貴這麼個碴口。

馬烽說：「老孫的愛人王之荷正好也在我們工作隊裏，所以對實際情況很了解。老孫告訴陳永貴，他們沒有整幹部，沒有搞逼供信，為此還差點被打成『右傾』。聽完孫謙的介紹，陳永貴的臉色緩和了許多。他問我：『你怎麼敢頂那股風？』我說：『不是我有什麼本事，群眾沒有揭發，帳目清清楚楚，查不出任何蛛絲馬跡，我們能強迫人家承認有貪污盜竊嗎？』我告訴他，那是一個先進大隊，生產搞得好，分紅也高，幹部班子也比較強。即使工作中有些缺點，甚至錯誤，也只能是幫助教育，搞逼供信整人無異於犯罪。我講完，陳永貴也打開了話匣子，他的大意是說，社隊幹部中確實有一些貪污盜竊、稱王稱霸的敗類，但畢竟是極少數，絕大多數的基層幹部是好和比較好的，他們在生產第一線，要和各種各樣的人打交道，要和各種壞思想做鬥爭，勞心費力地率領農民走社會主義道路，能力有限，困難重重，工作中難免有缺點和錯誤。他們歡迎上級派人給他們以支援幫助、批評教育，但是把他們當成是『四不清』的懷疑對象和審查對象，採取『有棗無棗打三桿』的做法，使他們很反感。雖說『真金不怕火煉』，『身正不怕影子斜』，可這種做法，給人精神上很大的壓力和刺激。」

馬烽與陳永貴的第一次喝酒，正是陳永貴「命運交響樂」的序曲部分。此時展開的許多人際交往和思想交鋒，將引出陳永貴今後

人生道路走向中的種種變奏或共鳴。也許可用上那句詩文:「家國不幸詩人幸」,歷史把一個千載難逢的文學機遇賦予了馬烽。

馬烽講述了與陳永貴的第二次喝酒。

馬烽說:「和陳永貴第二次喝酒,已經是十年以後的事了。我和老孫接受了寫電影劇本的任務後,雖然去大寨住過,和陳永貴也有一些往來,但再沒有在一起喝過酒。劇本初稿完成後,北京電影製片廠也指派了導演,正準備進行修改時,『文化大革命』開始了。劇本也就擱那兒不了了之。『文革』中,陳永貴被造反派擁戴成省革命委員會副主任,我們倆則都被打倒了,我是『反革命修正主義份子』,孫謙是『反動學術權威』。這個劇本也成了我們罪行的一部分。那時全省的造反派分裂成了兩大派,擁護陳永貴的一派說劇本貶低了英雄人物,罪該萬死;反對的一派又說我們為陳永貴歌功頌德,塗脂抹粉,也是罪該萬死。我們倆已經成了『死豬不怕開水燙』的人,多一條罪狀、少一條罪狀也就不在乎了。『文革』後期,北影提出要拍攝我倆寫的那部電影劇本,當時『農業學大寨』的口號已遍及全國,陳永貴又擔任了國務院副總理,不管省委領導持什麼觀點,都不便公開拒絕,於是把我倆調回省城太原,開始修改劇本。我倆也就陷入了一種十分難處的境地。支持陳永貴的領導人認為原劇本的基礎可以,只是提了一些修改意見供作者參考。我們認為這些意見有道理;可是改好以後,反對陳永貴的領導人則說劇本不行,必須大改。改來改去,怎麼也交不了卷。這方面同意了,那方面不贊成;那方面點頭了,這方面不通過。他們不敢否定,我倆也不敢撒手不改,只好夾在中間活受罪。前後修改了十多次,就為這麼個劇本,我倆竟然列席了兩次省委常委會參加討

論。最後總算兩方面都拍板了，劇本交給了北影，不久聽說開拍了，我倆才算鬆了一口氣。」

馬烽說：「1975年秋天，有天傍晚，山西省委辦公廳的郭棟材同志來找我和孫謙，說省委書記王謙要我倆第二天早上8點以前一定要趕到大寨。我問他什麼事？他說他也不知道。電話是從昔陽縣城打來的。他說打算派輛小車連夜送我們去，恐怕第二天走就來不及了。於是我和孫謙匆匆吃完晚飯，拿了點日常生活用品就出發了。當時聽說中央要在昔陽召開全國第一次農業學大寨會議，山西省委的領導同志都在昔陽。一路上我們猜想，很可能是要我倆參加籌備工作，幫助寫材料。車到昔陽已經是半夜了，我們先在一個臨時招待所住下。第二天一早去大寨，路過武家坪村的時候，正好碰上在此插隊的孫謙的女兒笑非。她悄悄告訴我們，前兩天江青帶著一伙人馬來了，就住在大寨接待站，不知道來幹什麼。聽了這消息，我倆都有點忐忑不安。省委要我們急如星火地趕來大寨，顯然與江青有關。『文化大革命』中我們受盡了折磨，一聽江青這兩個字不由得頭皮就有點發炸。如今不知又有什麼大禍要臨頭了。」

「我們到了大寨招待所。所長是老熟人，他已知道我倆要來，房間也已安排好了。問他叫我們來幹什麼，他說他也不知道。匆匆吃完早飯，他就領著我們去接待站找當時的文化部長于會泳。接待站在招待所後面的山坡上。那裏是接待貴賓的地方。如今門口已站上了崗哨。一進大門正好碰上于會泳。所長介紹後，于會泳『嗯』了一聲說：『來，先幫助抄稿子。』隨即把我倆領進大門旁的一座屋子裏。屋裏擺著一些桌子和凳子。已經有幾個人坐在那裏不知在抄寫什麼。于會泳從一本扯開的筆記本上撕下幾頁給了孫謙，又撕下幾頁交給我，要我們往稿紙上謄抄。看樣子是講話筆記，可無頭

無尾不知在說什麼。我們正要動手抄寫，忽然聽到院裏傳來一個女人的喊聲：『孫謙、馬烽來了沒有？』于會泳立即應了一聲：『來了！』隨即對我倆說：『別抄了，快去見首長！』一出屋門，只見有幾個背著照相機、提著熱水瓶的男女解放軍，擁戴著江青向大門口走來。她穿著一件灰色的夾大衣、包著一塊花頭巾，手裏提著個小竹籃。沒等于會泳介紹，她就大聲說：『這不就是孫謙嘛！我認識。』江青確實認識孫謙，五十年代她擔任中宣部電影處長時，曾給孫謙的電影劇本《葡萄熟了的時候》談過修改意見，後來還帶著孫謙去拜訪過當時的全國供銷總社主任程子華。這次她和孫謙握手之後，轉身又和我握手，邊說：『你是馬烽，我知道。今天咱們先去虎頭山上勞動！』我們誰也沒有吭聲，只好跟著她走出大門。一出大門，她忽然用右手挽住了我的左胳膊。我立時感到頭有點大了，精神也十分緊張，真正是誠惶誠恐。她是毛主席的夫人，是『文化大革命』的旗手，是說話落地有聲的人物；而我是被打翻在地，剛剛坐起來的小蘿蔔頭。我真有點受寵若驚。我既不敢甩脫她的手，又不敢靠近，只好隨著她往前走。路上只聽她說：『你寫的《我們村裏的年輕人》很不好。三角戀愛嘛！《撲不滅的火焰》還可以，可惜沒拍好。我看可以重拍。』我不知道她是隨口說的，還是真的要重拍。……順著一條傾斜的洋灰路，走不多遠就到了大寨的飼養場。只見附近有一些穿軍裝的警衛人員拉著幾匹馬守候在那裏。這時江青才把挽我的手抽回去。我的左胳膊立時感到輕鬆，精神負擔也減輕了。這時只聽江青說：『上山我要騎馬。馬烽。你也騎上一匹。』我見許多人都擁了過來，覺得自己陪著騎馬不合適，忙說：『我不會騎馬。』她在警衛人員扶持下，邊上馬邊說：『你當過八路軍的，不會騎馬？』有一個警衛人員悄悄向我說：『你趕

快騎上，要不首長生了氣，我們也不好辦！』江青在馬上又扭回頭來說：『還有一匹，孫謙騎上。』於是我倆都騎上馬，在警衛人員的保衛下，沿曲折的土路，來到了虎頭山上。」

「……我和孫謙趁機躲到一旁去抽煙。老孫問我：『江青和你說什麼來著？』我忙把路上江青說的話告了他。他說：『你就沒問她叫咱來幹啥？』我說：『我敢問嗎？你要有膽量你就去問問！』老孫搖了搖頭，苦笑了一聲說：『只好聽天由命了。』我倆蹲在那裏，一連抽了兩支煙。遠遠看到陳永貴上虎頭山來了。我倆原本打算過去和陳永貴打個招呼，側面打聽一下調我們來幹什麼，可這時只見江青不再摘花椒了，邊接過護士遞去的水杯，邊迎上去和陳永貴說話，我倆也就不好過去了。後來，江青招呼我們一同和陳永貴拍了幾張集體照。陳永貴說要到縣城去開會，匆匆就走了。」

「……午飯後，我倆回到宿舍，我有點感嘆地說：『昨為階下囚，今成座上客。這不知是要怎呀！』老孫說：『鬼知道這是怎麼回事！』從和江青半天的接觸中，雖然她顯得很熱情，但我們還是有點忐忑不安。因為近兩年聽一些知心朋友們背後傳說，這是個說變臉就變臉的人物。她究竟叫我們來幹什麼？左猜右猜也猜不透。這就只好等待下回分解了。」

「第二天上午，從北京又來了一些文藝工作者，有穿軍裝的，也有穿便衣的。我們認識的有北影導演成蔭、崔巍，還有演員謝芳。他們一見面就向我們打聽，江青叫他們來幹什麼？我說：『我倆還在悶葫蘆裏關著哩！』崔巍是《山花》的導演。我們問他影片拍得怎麼樣了，他說外景都拍完了，正在拍幾場內景戲，很快就可結束。他說：『正忙得馬踩車，于會泳一個緊急電話說江青叫我們馬上來。不知這位老佛爺又要發什麼指令！』這天吃晚飯的時候，

江青的指令下來了。她把我倆和崔巍，還有《山花》的主要演員謝芳叫到一個桌子上，開宗明義說要我們拍一部反映大寨精神的電影。崔巍忙告訴她說，《山花》已經快拍完了。江青說：『我看過一些樣片，不成！要重改劇本，重拍。』我忍不住說了一句：『聽說北影為這部片子已經花了四十萬元……』江青說：『四十萬有什麼了不起？就算繳了學費吧！導演還是崔巍，主角還是謝芳，編劇還是你兩個，可以再吸收幾個年輕人。這事我要親自抓。一定要拍好！』直到這時，我們才知道這次把我們召到大寨，是為了電影劇本《山花》的事。」

「當晚我倆回到招待所，都有點噁心喪氣。這個劇本原來是周總理交給山西的任務，而現在江青完全否定了，她要親自抓這個本子！自從江青佈置了重改《山花》的任務後，我倆都十分苦惱。劇本究竟要怎麼改，她沒有說，要派什麼樣的人來參加修改，我們也不便追問。每天除了去接待站吃飯、看電影之外，整天就蹲在房間裏無所事事，兩個人只好下象棋消愁解悶，可我根本不是孫謙的對手，他贏得沒興趣，我負得更沒興趣。後來他就找招待所的高手對陣，我就去找服務員們學編茶杯套。那時候，人們外出都是帶個玻璃罐頭瓶當茶杯，只要把蓋子擰緊裝在口袋裏也灑不了水。為了不燙手，有的是在瓶子外面包一條布，有的是用各色塑膠繩結個套子套上。手巧的可以編出各種各樣的圖案花紋。我在供銷社買了一些塑膠繩，跟女服務員們很快就學會了。閒著沒事就編杯套，陸陸續續編了幾個，其中我最滿意的一個是用藍白兩色塑膠繩，按照自行設計的圖案編成的一個。到如今已經二十五年了，玻璃瓶已經打破了好幾個，套子我還使用著。這算是特殊情況下的一件紀念品。」

「從《千秋大業》到《山花》，這個電影劇本竟然成了我倆長期摘不掉的一頂愁帽子。」

「當天晚上，住在昔陽城的省委第一書記王謙同志，派車來接我倆。「文革」前他是山西省委副書記兼省長，「文革」初期就被打翻在地了，住過監牢，受過許多磨難。鄧小平主持工作後，他才被解放出來，進入了省裏「三結合」的領導班子，不久前又成為第一書記。他對我們寫《山花》的前前後後都知道，最後的修改稿他也看過。路上，我們猜想，他一定是想了解一下江青找我們倆到底要幹什麼。去了以後，果然不出所料。我們當即把前後經過詳細地向他彙報了一遍。他對我們的苦惱深表同情。我趁機說，省委可不可以向江青說一說，《山花》不要再重拍了。王謙沉思了一會兒，苦笑了一聲說：『看來她非把大寨這面紅旗抓在自己手裏不可！為了宣揚大寨精神，二位只好受累吧！』臨離開的時候，他又囑咐我們：有什麼新情況，可以隨時向他反映。」

馬烽又說：「我和孫謙倆人商量了半夜，覺得只有找陳永貴想辦法。他是副總理，又是政治局委員，只要他說這部片子還可以，不要再重拍了，我們才有可能躲過這一厄運。早飯後我倆就貿然去找他。剛走到他家那座沒有院牆的院子附近，就被一位穿便衣的警衛人員攔住了，說什麼也不許我們去打擾副總理。幸好走過來一個上地的中年婦女，一見面就和老孫熱情地打招呼。她聽說我們是去找陳永貴的，忙向警衛說：『他們是老陳的朋友，不讓見可不沾。』警員就不再攔阻了。一走進院子，就看見中間一孔窯洞的窗戶上，映出了陳永貴著白毛巾的那顆腦袋。撩開門簾進去，只見他蹲在窗戶前的炕上，端著個粗瓷大碗在吃早飯。碗裏是這裏老鄉

日常吃的沙粥，那是用小米和玉茭糝熬成的糊糊，窗臺上擺著一小碟老鹹菜。他穿的還是黑色的中式褲褂和老布鞋。那幾個柵欄一樣的門牙已經變成了一口白白的義牙，後來我才知道他是牙疼得沒辦法，只好拔了牙齒重新鑲的。這一變，面孔顯得好看了一點。他一見我們，微微笑了笑，說了句：『來啦！』這和以前見面打招呼一樣。他三口兩口地把碗底的那點沙粥喝完，把碗擱在窗臺上，然後跳下炕來說：『走，到客廳裏去坐。』說是客廳，其實就是窯洞旁的一間大平房。房裏擺著幾件舊桌凳和櫥櫃，還有兩對簡易沙發。他一進客廳就忙著給我們泡茶、拿煙。我們不想耽誤他的時間，老孫開門見山把我們找他的目的說了。陳永貴說：『寫電影是你們文藝人的營生，我可不插手管這事。』寫這部電影劇本，他確實沒有插手管過，儘管幾次的列印稿都送給過他，他從來也沒提過什麼意見。說著說著，他突然說：『咱們這麼幹坐著說話多沒意思，喝酒吧！』他邊說邊從櫃子裏拿出一瓶茅臺酒、三個酒杯。酒杯是椰子殼做的，外邊雕著花，裏面鑲著銀。他斟下三杯酒，這才發現沒有下酒菜。於是拉開櫥櫃端出半碟炒山藥蛋絲來，顯然這是昨天吃飯剩下的。接著又端出個扣著小碗的碟子來，揭開小碗才發現裏邊是幾個掰開的點心。他說了句：『這不能下酒。』隨手又放進櫥櫃裏。然後拉開抽屜找了半天，終於找到一個玻璃瓶罐頭，裏面是幾個大青椒。接著張羅要炒雞蛋。老伴吃完早飯上地去了，家務活他從來也不插手，因而找了半天也找不到油瓶放在哪裏。我們連忙勸阻，他也只好就此作罷。看到陳永貴在家裏的這種生活狀況，我頗為感慨。如果不是親眼所見，誰也不會相信堂堂國務院副總理，回到家裏竟是這個樣子。」

　　講述到這裏，馬烽插入了不少陳永貴當政治局委員國務院副總理以後，生活儉樸的細節：

　　陳永貴的煙癮很大，他抽煙有個特點，就是從進門點著第一支煙開始，就不斷火。左手指夾著的煙剛抽了半截，右手已拿起另一支，慢慢用手捏煙頭，擠出一些煙絲後，把那半截煙栽在上邊繼續抽。他做這些動作十分熟練，連看也不看一眼。一盒煙抽完，煙灰缸裏只有一根火柴棍，連一個煙屁股也不見。陳永貴一天得抽兩三盒煙。那時候，中央首長都有特供煙，不是「熊貓」就是「中華」。但陳永貴從來不抽好煙，他最常抽的牌子是三毛八一盒的「三七」，和一毛八一盒的「阿爾巴尼亞」。

　　陳永貴到中央後，不僅老婆和孩子仍是農村戶口，靠工分吃飯；他這位堂堂副總理也沒有城市戶口，也掙工分。沒有城市戶口就沒有糧票。每年秋後大寨分糧食，要專門拿出陳永貴的那份口糧送到公社糧店，換成全國糧票給陳永貴捎去。陳永貴不算城市居民，也沒有正式的國家幹部的工資，自然就要在大寨掙工分。大寨大隊給這位國務院副總理記滿分、畫滿勤，結結實實地算一個壯勞力，每天勞動工值一塊五毛錢。除了大寨的這筆工分收入外，山西省每個月還發給陳永貴這位省級領導幹部六十塊錢。搬出釣魚臺之後，買糧買菜、抽煙喝酒全得陳永貴自己掏錢了，山西便把一個月六十塊提高到一百塊。此外，中央每天也給陳永貴一塊二的生活補助，一個月就是三十六塊錢。一百三十六塊外加一個壯勞力的工分，就是陳永貴可以掙來的全部月收入。

　　陳永貴經常在大寨接待站陪客吃飯，按規定可以不交錢，可是陳永貴要帶頭不搞化公為私，讓自己的祕書交了一百塊錢。陳永貴

說：「規定不出，我們要出。不然，吃著香，局著光，要著錢了扎饑荒。」

俗話說，誰家鍋底沒點黑。可陳永貴就敢於自揭家醜。陳永貴自己在支部生活會上說：「我坦白一件事，就是一個河北搞修建的，送給我家一瓶香油、六支小掛麵、一斤花生。據家裏說是接待站九昌相跟送去的。現在人也找不到，要趕快還給人家……你們不要看這是小意思，在大寨搞了半個月，搞下二千元。」

馬烽說：「一個人能夠幾十年如一日，永遠保持一個純樸農民的本性，能夠拒腐蝕、永不沾，這是最令人敬重的。」

馬烽與陳永貴第一次喝酒與第二次喝酒之間，相隔了十年。十年，對每一個生命而言，都是一個不短的歷程。陳永貴在他所處的位置，潛移默化中已經發生了很大變化。馬烽不知是忽略了這些變化，還是出於其善良天性，「為長者諱，為尊者諱」，有意做了迴避。

吳思在《陳永貴：毛澤東的農民》一書中，說了這樣一段話：

> 陳永貴如此清廉，如此關心群眾，確實大有「勤務員」之風，看起來與「打倒皇帝做皇帝」的李自成相去甚遠。不過，在清廉勤儉的作風之下，昔陽社會政治關係的深層結構卻朝著皇權式的一個人說了算的家長制變動。陳永貴的個人權威日益變得不容反駁甚至不容爭辯。過去輕慢了皇帝要犯「大不敬」罪，現在輕慢了陳永貴也要論罪了。

陳永貴的這些變化，反映了現實政治的複雜性和殘酷性。當我向馬烽提及這些變化時，馬烽說了這樣一番話：「陳永貴是個悲劇。他一個農民，就弄球不了個政治，硬是把人家捲進了政治漩渦之中。」

　　馬烽還說：「喝酒時陳永貴談起他當副總理的事。他說：『這副擔子太重，老實說，我挑不動。可是沒有辦法，毛主席、周總理安排的，只能硬著頭皮挑！』他說他曾向中央寫過辭職報告，沒有批准。毛主席批示：每年三分之一的時間在中央，三分之一的時間到外地，三分之一的時間回大寨。他現在就是遵照毛主席的批示安排工作。當說到正要召開的農業學大寨會議時，他說：中央對這個會議很重視，華國鋒、鄧小平等幾位中央首長都要來。他還說，中國人口太多，吃飯問題是個大問題，看來要把糧食搞上去，當前只能是發揚自力更生、艱苦奮鬥的精神，大抓農田水利基本建設。我們又趁機再提那部反映大寨精神的電影劇本，還是希望他和江青說一下，不要重拍了。陳永貴皺了皺眉頭說：『這話我不好說，也不便說。老實講，就是我說了，也不抵事。』後來我們琢磨出了陳永貴心裏的潛臺詞：當時正是大寨走紅的時候，『四人幫』插手，就是要把毛主席提出的『農業學大寨』這面旗幟變成他們的工具。於是才有要求重改劇本、重新拍攝這檔事。江青按照她的創作原則，要求劇本突出階級鬥爭、突出與走資派的鬥爭。當時弄得我倆是有苦難言，既不敢洗手不幹，又不能不聽從指揮，只好硬著頭皮修改，翻來倒去改了好多遍。影片最後總算又拍了出來，劇名也把原來的《千秋大業》改為了《山花》。雖然導演是一流的導演，演員是一流的演員，但劇本基本上是失敗的。」

　　馬烽講述了與陳永貴的第三次喝酒。

　　馬烽說：「和陳永貴的第三次喝酒，是在1982年的秋天。當時我和孫謙住在北影招待所，修改我倆合寫的一部電影劇本。那時候

陳永貴已經從副總理的職位上下來了。分配到北京東郊一個農場裏當顧問，家住在北京城裏。我們猜想他的心情一定不好，在這種情況下，理應去看望他。」

十一屆三中全會以後，陳永貴從他人生的輝煌頂點跌落下來。

1979年12月17日上午，昔陽縣革委大樓的二樓會議室裏舉行了一次縣委常委擴大會。上午10點整，李喜慎宣佈開會。他簡短地說了幾句開場白，便宣讀了「晉中地幹字136號」文件，大意是經山西省委常委討論同意，地委通知，免去陳永貴的昔陽縣縣委書記職務。

1980年2月23日，十一屆五中全會召開，會議決定批准汪東興、紀登奎、吳德、陳錫聯的辭職請求，免除或提請免除他們所擔負的黨和國家的領導職務。這些人與陳永貴的關係都很不錯，尤其是紀登奎和陳錫聯，與陳永貴過從甚密。

1980年8月30日，五屆人大三次會議在北京舉行。大會接受了陳永貴要求解除他國務院副總理職務的請求。

1980年9月，由《人民日報》、《光明日報》、新華社和中央人民廣播電臺的一些記者聯合組成的調查組開赴山西，在大寨和昔陽等地採訪四十天，寫出了兩組內參。第一組專攻十年來無人敢摸的大寨，其標題如下：

〈大寨走向了反面〉

〈一部充滿謊言的「大寨鬥爭史」〉

〈「七鬥八鬥」給大寨造成嚴重惡果〉

〈「大寨精神」和「大寨風格」都被拋棄了〉

〈一整套對抗黨的政策的極左做法壓抑了大寨群眾的積極性〉

第二組專攻昔陽和陳永貴提拔起來的昔陽幹部，其標題如下：

〈昔陽學大寨，「大幹社會主義」的成敗得失〉

〈昔陽學大寨，「大批資本主義」的真相〉

〈昔陽整「五種人」的經驗完全是適應左傾路線需要的產物〉

〈造反起家，幫派掌權〉

〈任人唯親－以對大寨「感情」「態度」劃線〉

〈從幫派掌權到家族統治〉


1980年8月29日，《山西日報》載文，題目是〈繼續肅清學大寨中的極左流毒〉。9月5日載文：〈評大寨經驗〉。9月24日載文：〈人妖為什麼被顛倒？——岳增壽冤案和王金魁案透視〉。10月8日載文：〈從陳明珠的違法亂紀行為看父母的責任〉。

《光明日報》也於9月20日發表了〈太行奇冤〉。

《山西青年》發表了揭露陳永貴的兒子陳明珠的〈虎頭山下一惡〉。

陳永貴失勢後，各方面的揭發材料如雪片一般地飛到中央，僅中央轉到陳永貴手裏的就有一尺多厚。

陳永貴失去副總理頭銜的第二個月，山西省召開五屆人大三次會議和省政協四屆十二次常委會。山西省內長期受陳永貴一派壓制的人這回抬起了頭。在這次會議上，許多人大代表和政協委員對陳永貴群起而攻之，揭發了他一大堆問題，並且要求罷免他全國人大代表的資格、追查他和『四人幫』的關係、追究他在一些事情上的法律責任。人大代表們提出的罷免陳永貴人大代表資格的要求，經領導人出面做工作，勉強壓了下來。有關領導人說，下次不選就行

了，罷免就算處分了，不好。已經從釣魚臺搬到交道口小院閒住的陳永貴聽說了這些事，長嘆著說：「唉，老虎吃人有躲閃，人吃人可沒躲閃哩！」

1982年9月1日，中國共產黨十二大開幕，代表團裏沒有陳永貴的蹤跡。身為中共中央委員、中央政治局委員的陳永貴在家鄉山西落選。據說，上面的意思還想讓陳永貴當個十二大代表，但是，儘管做了許多工作，陳永貴才得了二十七票，反對的卻有三百零九票。

馬烽向來「不以成敗論英雄，不以榮辱交朋友」，就是在這麼一種情形下，馬烽決定去看望陳永貴。

馬烽說：「經過多方打聽才算找到了他家的電話號碼。陳永貴一聽說我倆要去看他，表示十分歡迎。我們知道見了面難免要喝一杯，又知道他家生活不富裕，於是就做了點準備，上街買了兩瓶好酒和一些下酒菜，又請北影食堂趙師傅連夜做了兩隻滷鴨子。趙師傅在海澱區一帶是頗負盛名的廚師，他最拿手的菜就是滷煮鴨子。陳永貴住在復興門外高幹樓的一套公寓裏。他穿戴的還是以前那個樣子，見了面還是以前那種打招呼的方式，嘿嘿一笑，說了句『來啦？』看來他對我們的來訪也有所準備，只見桌子上擺著一瓶二鍋頭，還有一些小菜。他看到我們拿來的食品，沒有說什麼客套話，立時叫他老伴拿到廚房裏收拾去了。」

馬烽又說：「在喝酒閒聊中，看來陳永貴對從副總理職務上下來，並沒有什麼不滿的情緒，完全不是我們猜想的那樣。他覺得這樣倒好，無官一身輕。他唯一不滿意的是，讓他去京郊農場當顧問，而不讓他回大寨。他說大寨的幹部和社員，不斷有人來看他，都希望他早點回大寨去。可是這事不由他，他得聽從組織的分配。不過他遲早還是要回大寨去，他離不開那裏的土地和幹部社員。

他說如今他們受到社會上很大壓力，一提起這事，陳永貴不由得就激動起來，特別是喝了幾杯酒以後，竟然對著我倆發開火了。他說，如今大寨人到了外面，連頭都抬不起來，有些人故意在他們面前放涼腔，什麼『學習大寨，人人受害』，什麼『以糧為綱，全面砍光』等等。他衝著我倆說，大寨情況你們知道，是不是除去種莊稼什麼都砍光了？粉坊、豬場、磚窯是發展了還是砍了？果園是不是這些年才發展起來的？陳永貴還說，有的地方把好好的經濟林砍了種莊稼，這是大寨讓你砍的？大寨人千辛萬苦在搞人造小平原，可有的地方把平展展的耕地改成梯田，這叫學大寨？大寨人把陡坡修成梯田，開山打料石築起那麼多田梗，流了多少汗水？你以為大寨人天生就那麼賤？那是沒有辦法的辦法。建設社會主義不靠自力更生、艱苦奮鬥，靠什麼？天上能掉下餡餅來？陳永貴還說，如果說工作中有缺點、有失誤，我承認。主要應該由我陳永貴承擔，不能讓大寨所有的幹部和群眾分攤。這些年他們也夠辛苦了，如今再受上一頓窩囊氣，誰心裏能服？他們到我這裏來，委屈得都哭了，我也為他們抱屈……陳永貴還說，咱們有一種很不好的風氣，說起風好來，什麼風都沾；說起雨不好來，什麼雨都不沾。以前是什麼工作都要學大寨，不管什麼現場會也要在昔陽、大寨召開，你不同意開，就說你驕傲自滿，瞧不起這項工作，好像只有在昔陽、大寨開才夠分量；如今是昔陽、大寨什麼也不沾了，什麼上不去也是學大寨的過錯。陳永貴冷笑著說，誰愛說什麼就說去吧，我不在乎。反正這些年修下的高標準海綿田在耕種，修下的渠道還在澆地，旋下的新石窯社員們住著。這些年上繳了多少公糧、賣了多少統購糧，糧庫裏帳本上記著，我相信一句話：金盆子打了分量還在著哩！」

馬烽還說：「十一屆三中全會以後，農村全面實行『包產到戶』政策。我對此有些不同看法。當然不是完全不贊成，是對其中某些具體做法有意見。當時中央下過一個『72號』文件，除了肯定『包產到戶』的優越性外，也肯定了合作化時期的某些成績；今後怎麼辦？因地置宜，分類指導。我認為這個基本精神是完全正確的。但後來將『包產到戶』說得神乎其神，我就覺得有點問題了。我們得反思一下我們的老毛病、老教訓：從前說集體化好，說合作化好，說人民公社好，那就一切都好，一陣風，一刀切，把山莊窩鋪也搬下來了，小村合大村，小縣合大縣。這造成多大的損失和傷害！現在又從一個極端跑到另一個極端，這不合適。當時，我的老朋友吳象在《人民日報》發表重要文章，說『包產到戶』是『金光大道』。我對他說，這個觀點不怎麼科學。我認為中國的農村很複雜，不會有一種靈丹妙藥就手到病除。舊社會的人也不認為徹底分開就好。闊地主經不起三股份，就是說老地主一倒下，兒子們一分家，原來的生產單位也就散了、完了。過去集體化是有問題，但是它也積累了許多公共財富，積累了不少金融管理方面的經驗教訓，在教育和培養農民方面，也一定程度地克服了許多根深蒂固的小農思想，樹立了一定的集體主義意識。這些都應該說是積極因素。但現在要毫無區分地一起推倒，把成套的機械化設備、改良過的土壤、修整好的水利設施，都要分光吃淨，廢掉重來，不又是一陣風，一刀切嗎？我們怎麼老也從這個怪圈裏走不出來呢？」

馬烽還說：「那天，我們三個只顧喝酒閒聊，陳永貴老伴端上來的麵條已經放涼了，誰也沒有動一筷子。我們三個人邊喝邊說，差點把兩瓶酒喝光。我的酒量沒有他倆大，我早已有點暈天暈地了。我記得說到酒量，陳永貴說，1975年12月26日那天晚上，鄧小

平主持政治局開完會，江青提議大家一起吃頓飯為毛主席過生日。服務員端上茅臺酒來，『四人幫』一方的人就起鬨著要灌陳永貴，想出他洋相，讓他好看。陳永貴說：你們也別灌，毛主席他老人家過生日，我心裏高興，我替每個人喝一杯酒。服務員便端上滿滿一托盤的亮晶晶的高腳杯來，陳永貴一口一杯，一口氣全乾了。陳永貴說，他這一輩子喝得最痛快的一次是『四人幫』垮臺的時候。那天夜裏，他聽到這一喜訊後，興奮極了，找了瓶酒嘴對瓶口，一直喝到第二天太陽出山。陳永貴說，我是和胡耀邦爭吵過，可我和張春橋也拍桌子乾過。怎麼我就成了和『四人幫』一伙？……。」

馬烽講了他向陳永貴遺體告別的情形：

「1986年3月間，我到北京參加全國人代會，聽說陳永貴病了，住在北京醫院裏。我正打算去探視他，忽然收到一份訃告：陳永貴已經病逝，死於癌症，定於某月某日下午在八寶山殯儀館舉行告別儀式。我又是吃驚，又是遺憾，我覺得無論如何也應該去和他告別，為他送行。那天下午我請了假，匆匆趕到了八寶山殯儀館。小車開到追悼會大廳門口，只見門外冷冷清清，空無一人。我以為是把時間看錯了，再看訃告，時間、地點都沒錯。後來司機同志說後院還有幾個小廳，也可能在那裏。當我把車開到那裏時，我發現大寨的賈承讓等一些幹部都坐在臺階上抽煙。不久開來兩輛大客車，走下來一些胸前帶白花的男男女女，後來才知道他們是東郊農場的職工，來向他們的顧問告別。這時，一輛高級轎車在告別室外停下，車上下來一位穿著風衣、戴著變色眼鏡的人。周圍的老百姓立刻認出來了：是華國鋒！於是人們湧過來，不知不覺地在華國鋒前邊站成了一道走廊，有的人還鼓起掌來。華國鋒一來，大廳的

門打開了，我們魚貫而入。華國鋒一言不發地走進告別室，在陳永貴的遺體前三鞠躬，又一言不發地呆呆望著陳永貴的遺體，流下淚來。圍觀的人靜靜的，有的人抽泣起來。中央辦公廳來的一位幹部手足無措地不知如何是好。華國鋒仍不說話，流著淚慢慢地繞著陳永貴走了一圈，又一言不發地與陳永貴的親屬一一握手，然後還是一言不發地走出告別室，上車走了。」

1979年3月19日，當《山西日報》首次公開向「農業學大寨」發出質疑的那一天，陳永貴正在故鄉主持中共昔陽第七次代表大會的開幕式。這時，陳永貴還身兼昔陽縣委書記、晉中地委書記、山西省委副書記、國務院副總理和中共中央政治局委員等一串職務。

上午8點半，陳永貴拿著講稿走上講臺，面對一千多名代表發表講話。陳永貴平時根本不用講稿，自從六十年代初，陳永貴登上人民大會堂的講壇以來，他就用一個農民獨特的生動風趣幽默的語言，感染、征服了一個時代的人們。可眼下，一切變化來得太劇烈、太迷茫，太讓人眼花繚亂了。陳永貴大概有些失語、有些無所適從，只好讓人準備了講稿，照本宣科：「各位代表，各位來賓！中國共產黨昔陽縣第七次代表大會勝利開幕了！」陳永貴瞥了一眼手中的稿子，下邊該念的話用大字清清楚楚地寫著：「我們這次代表大會，是在黨的十一屆三中全會精神鼓舞下，在全黨工作著重點實行戰略大轉移的大好形勢下召開的……。」。

陳永貴放下了稿子，抬眼望著全場黑壓壓的人群和一雙雙注視的目光，突如其來地脫開講稿說道：「首先，我提議，為悼念已經逝世的偉大導師和領袖毛澤東同志，敬愛的周恩來同志、朱德同志，以及其他老一輩的無產階級革命家，全體起立，靜默致哀。」此時毛澤東已經去世兩年半，周恩來去世已經超過三年。

代表們從陳永貴的異常舉動中感受到了什麼！

陳永貴仍然不拿稿子，聲調沉痛地繼續說道：「再提議，為悼念我縣建黨以來，在新民主主義革命，社會主義革命和建設中獻出生命的共產黨員，為悼念我縣從第六次黨代會以來，在農業學大寨運動中獻出生命的共產黨員，靜默致哀。」

話筒中傳來唏噓之聲。代表們默哀完畢，抬頭一看，陳永貴的臉上已然老淚縱橫。

後來人們回憶說，開幕式的會場上籠罩著追悼會一般的氣氛，好像是在為學大寨運動送葬。

那個曾經輝煌的陳永貴，也許從那一刻已然死去了。

馬烽說：「陳永貴安安靜靜地躺在大廳中央的花叢中，削瘦的面部雖然化了妝，但掩蓋不住滿臉橫七豎八的皺紋，這些皺紋刻畫出了他一生的經歷。當我帶著沉重的心情走出追悼會大廳的時候，我突然想到應該帶一瓶汾酒來，灑在他的遺體前。我和他是二十年前在一起喝酒相識的，也應當以酒告別。可惜我事先沒想到，深感遺憾。」

「對君更進一杯酒，西出陽關無故人。」

從陳永貴的身上，折射出的是一個古老農業大國的命運。這是一個真正富有「史詩」意義的農民典型。陳永貴是一個歷史的交匯點。歷史把一個千載難逢的文學機遇賦予了馬烽。馬烽一向被看作是狀寫農民的高手，馬烽只要寫出「這一個」農民典型的命運，也就書寫出了山坳上的共和國的命運。然而，馬烽除了敘事性地講述了與陳永貴的三次喝酒之外，沒有把筆觸更深地探入這一典型人物的心靈。

　　馬烽因其創作方式、創作思路的局限，與一部經典之作、傳世
之作失之交臂。

# 人之初，性善、性惡之辯

還有一個不能不提到的人物。

在批判丁玲的時候，組織上勸告馬烽：「你和丁玲的關係還不如田間和康濯，你這麼一弄呀，就把會場的注意力分散到你頭上了。你趕快檢討上幾句就沒你的事了。」

康濯是「丁陳案」中的一個重要人物，有點類似胡風案中的舒蕪。

在丁玲擔任所長的文研所，田間是祕書長，康濯是副祕書長，兩人曾是大家公認的丁玲的左膀右臂。然而在反「丁、陳反黨小集團」的運動中，兩人的命運卻有著天淵之別：田間因為思想上承受著巨大壓力，曾走上自殺的絕路。而康濯因為「反戈一擊」有功，成為運動的積極份子。

唐達成在中國作協黨組擴大會上，在為丁陳辯誣的發言中提到了康濯：

> 對於康濯同志、關於陳企霞同志的報告卻使我大吃一驚，因為我也是《文藝報》的工作人員，因此我想提出一點意見，我認為這是一篇極盡歪曲之能事，幾乎用盡一切可能選用的最駭人、最可怕的字眼的報告，如果按照康濯同志的描畫，那麼《文藝報》哪裏還是黨所領導的刊物，而簡直就是一個進行各種可怕的陰謀活動的反黨、反革命集團了。可以舉幾個例子來看，比如通訊員問題，《文藝報》通訊工作做得究

竟如何可以研究，但在康濯同志的筆下卻變成了有意擴大反
黨活動、藏污納垢之處，說《文藝報》通訊員的三分之二都
是反革命和壞份子，這是誰告訴康濯同志的？據我所知，我
們在檢查《文藝報》之前，曾調查過通訊員的政治情況，
三百個左右的通訊員中有六十六份調查回來，這些調查情況
說明通訊員中有些人有個人主義，有些人有自由主義，有的
出生於地主家庭等等，只是極個別的人，有壞份子或歷史上
有反革命活動之嫌。因為那時還未肅反，有的懷疑也還未證
實，但即便把這一切都算是壞份子，也只是六十六人中的三
分之二。可是康濯同志卻說成全部的三分之二是壞份子，用
這個歪曲了的數字，定為《文藝報》的罪狀之一，這是什麼
居心呢？又比如編輯部同志隨便說了一句不大恰當的話，康
濯同志又說這是《文藝報》編輯部散播反黨言論。周文博同
志在參加工作初期，說了一句「在陳企霞同志領導下工作是
幸福的」，當時陳企霞同志就責備他說得不對，周文博同志
也向黨支部檢討了數次。這話當然是錯誤的，是不對的，或
者可以說明編輯部政治空氣不濃。但是卻又被說成《文藝
報》許多工作人員都是吹牛拍馬之徒。這如果不是歪曲又是
什麼呢？總之，我覺得這篇報告充滿了歪曲的渲染，現在我
已經記不清楚了，如果可以考慮的話，我建議黨組把這兩個
報告列印出來，給《文藝報》的老同志們討論，看究竟有多
少符合事實。但問題是誰給康濯權力，在全國文藝界黨內負
責同志的面前這樣大肆歪曲《文藝報》的呢？據說，康濯同
志本來也是反黨集團成員之一，這就更令人奇怪了，為什麼
這樣一個據說有反黨思想的同志又立刻可以以這種「揭露」

的方式來做傳達呢？難道能因為這樣的歪曲就證明康濯同志是純潔的嗎？這是我所不理解的。而更使我憤慨的是，後來我們在向康濯同志核對事實時，我想如果說，那時由於腦袋發熱，那麼現在應該冷靜地加以研究了吧？然而事實卻相反，康濯同志沒有任何自我批評的精神，沒有任何內疚，說這些材料都是有人提供的。我想問，究竟是誰提供的？明明有些情況是歪曲了，卻不能實事求是的承認，明明對自己的同志有鬥錯了的地方，而無絲毫內疚，這是為什麼呢？這也是我所不理解的。

　　唐達成在黨組擴大會上為丁陳辯誣的發言中，通篇都是對事不對人，但卻毫不留情面地點了康濯。唐達成對我說：「我這個人，生平最容易原諒的是軟弱、輕信；最不能原諒的是虛偽、落井下石。」

　　後來，我在唐達成的檢查中，還看到了有關康濯這樣的詞句：

　　我當時把康濯同志的報告的個別事實或用語的不恰當，都誣衊為是康濯同志「譁眾取寵」，藉此向上爬。是品質惡劣，我認為以後自己永遠不應該這樣。
　　……在這個問題上，我對康濯也表現出很大的不滿。我認為康濯同志在黨內的一個報告是歪曲事實的。本來對這些問題提出意見也是可以的，而我卻對康濯同志進行了人身攻擊，我說，康濯同志這是品質問題，照他那樣說是反革命集團了？查證的時候，明明傷害了同志，連一點內疚都沒有。以後開會時，我對這個問題一定要提出來。

還有一次，劉劍青從上海回來，和他閒談起，我也對他講過類似的話。並且說，康濯同志是作家，是人類靈魂的工程師，可是像他這樣的作家，會寫出好作品來嗎？能塑造別人的靈魂嗎？

陳丹晨在談到康濯時用了一個詞：「反水」。陳丹晨說：「本來論康濯和丁玲的關係，內定也是反黨集團的重要成員，但後來因為他反戈一擊有功，反而成了運動的積極份子。」

1991年開「黃河筆會」期間，我與徐光耀同車前往五臺山。路途中也說起康濯在反「丁、陳反黨小集團」時期的種種情形，徐光耀說，那時有人管康濯叫「康裱褙」，從中也可看出人們對他的輕蔑。

我向馬烽提起康濯，馬烽做了如是介紹：

「我是1949年夏季第一次全國文代會期間認識老康的。在認識之前，我已讀過他的作品，給我印象最深的是〈我的兩家房東〉。這篇小說，至今仍不失為短篇小說中的名篇。第一次文代會後，我與他都留在了新成立的作協創作組。我倆雖然不是來自一個解放區，他來自晉察冀，我來自晉綏，但生活經歷、創作路子基本一致，因而很能談得來。他老家是湖南，抗日戰爭前住過中學，參加革命後在延安魯藝文學系學習過。書讀得比我多，社會閱歷比我廣，年齡也比我大二歲，因而我一直把他看成老大哥。他確也像個老大哥的樣子，常常推薦一些他認為好的中外短篇讓我讀……。」

馬烽講到許多兩人交往的細節，比如講到康濯作為大管家為他張羅婚禮的情形；講到在創作組時同住在一個院裏，康濯在生活上

給予他不少照顧，有一次病了，是康濯把他送到醫院，每天都要去探視一次等等。講到動情處，馬烽會熱淚盈眶。然而一說到「丁陳事件」中的康濯，馬烽則輕描淡寫地一筆帶過。包括在講述到黨組擴大會上對丁玲火藥味實足的批判時，對康濯也僅僅是一句：「康濯當時是領導組成員，他揭發過什麼問題我就不知道了。」

當談話進行了半天，我又刻意繞回此一話題時，馬烽顯然明白了我「項莊舞劍」的用意，寬懷仁厚地一笑說：「每個人的一生，總可能有這樣那樣的缺點和不足，人無完人，瓜無溜圓，有時候逼於形勢，有一些無可奈何的違心之言，我們都是那個年代的過來人，我想也是可以給予寬諒的。只要能給眾人留下一些值得懷念的東西，也就難能可貴了。」

馬烽還在康濯走後，寫下一篇〈懷念康濯〉的美好文字。

關於康濯的話題，段杏綿在看到我以上的文字以後，說了這樣一番話：「老馬並不是不知道康濯在丁陳問題上的表現，康是犯了個大錯誤。但指名道姓太傷害人，雖然他也傷害過別人，但這樣來對比馬烽不合適。一個人的優點還是多的，康也一樣。誰不想保住自己不受衝擊呢？能否不引用唐的原文？只籠統說有的人在運動中經不住衝擊，臨陣說了假話，說了傷害人的話，表現出品質問題。不是那個年代的過來人，哪能明白那時的人所承受的壓力。你說田間為什麼會自殺？其實康濯那樣做，也是人性軟弱的一種自我保護行為。而且康濯為此付出了一生的慘痛代價。後來陸陸續續調回北京的人都分到了住房，而康濯一直連個歸宿也沒有，我和老馬九十年代到北京時，他還在文講所的招待所住。看病幹啥要個車，還得看招待所長的眼色。你說慘不慘？康濯其實是個挺好的同志，尤其在培養年輕作者方面，那是下了很大辛苦的。他臨去世前住進醫

院，都是帶著新人的稿件要看。所以他去世後，劉紹棠等許多作家都寫了懷念文章。」

現代物理學告訴我們：在強大的壓力下，承受物呈現出兩極分化，或折斷，或扭曲。作為丁玲左膀右臂的田間、康濯，以人生驗證了這一科學論斷。

馬烽的寬厚待人，往往使他出自本能地喪失了「階級覺悟」（或曰「黨性」？）。

在「文革」後期，山西發生過一件驚天大案：「文革」前，山西省曾抓過一個劇目《三下桃園》，光聽名字就明白與當年王光美「四清」時創造的桃園經驗有瓜葛。不知是由於當年山西省文化界領導「階級鬥爭意識」淡薄，還是確實「別有用心」，把《三下桃園》進行一番改頭換面，包裝成《三上桃峰》就送進北京參加了華北文藝調演。當年人們階級鬥爭的弦繃得有多緊，馬上有敏銳的眼睛察覺了其中的「險惡用心」：這不是明目張膽地為劉少奇翻案？正是面對這樣一件有關「大是大非」的事情，《三上桃峰》的作者楊孟衡在〈艱難的創作歷程——隨馬烽寫戲雜憶〉一文中做了這樣的回顧：

> 由我執筆的《三上桃峰》和在老馬指導下參與創作的《快馬加鞭》，同時被選中參加了華北文藝調演，卻又遭受截然不同的際遇：前者被「四人幫」打成了大毒草，在全國如火如荼地大批判；後者卻被評為革命的優秀劇目，大幅劇照刊登在《人民畫報》封面上加以讚揚。儘管《快》劇的全部唱詞均由我寫成，但在聲討《三上桃峰》時被一筆勾消，只

留給我寫「大毒草」的份兒。我們創作組所在的精營東邊街13號樓房成了兇宅，人在英年的文藝理論家趙雲龍同志枉受《三上桃峰》株連而死於非命。我被誣為大毒草的炮製者，註定要墮入煉獄。我的辦公室成了陰森可怕的監牢，除去逼要檢查材料的專案人員外，沒有人敢進門看我一眼。恐怖窒息，橫禍加身，度日如年。就在這難熬的日子裏，馬烽同志走進了我的辦公室，他和我促膝談心，並以我參加《快馬加鞭》的創作為例，說明我創作態度是嚴肅的，他可以為我出場做證。

類似的事例俯拾即是：
段惠芬在〈懷念姑父馬烽〉中記載了這樣一件事：

一天，造反派要到五一廣場揪鬥王大任、盧夢、黃維等人，讓姑父陪鬥。這幾個人被事先拉到省文聯大院時已是中午12點，都餓著肚子沒有吃飯。那時候沒有人敢給這些「反革命黑幫份子」飯吃，姑父毅然說：「走，先到我家吃飽飯。」

西戎夫人李英在我對她的訪談中，還說了這樣兩個細節：「『文革』剛開始的時候，馬烽不還是『文革』小組的組長麼？每次開老西的批鬥會前，馬烽總要把批判會怎麼開，跟老西通氣，讓老西有個精神準備。老西批鬥完回來，思想壓力挺大的，連飯也吃不下。老馬端著個碗過來還勸他，咋了，總得吃飽了再讓人鬥吧。不吃飯還能再讓人鬥幾次？不讓人鬥倒、鬥垮了。」

李英還說：「後來形勢變得越來越緊張起來，老馬不敢到我家坐了，可趁開完批鬥會下樓一起走的時候，對我說，老西怎麼樣，能睡著嗎？睡不著，我這兒有安眠藥。」

馬烽說：「你施予別人的恩惠，不必要念念不忘，總思謀著求回報。但別人對你的恩義，你應該銘刻在心，沒齒難忘。

1977年喜從天降，我莫名其妙地被推舉為第五屆山西省人大代表。當年，我僅僅寫了幾篇不成樣子的小東西。後來聽來太鋼做代表資格審查的組織部人說，才知道是由於馬烽的鼎力舉薦，是作為新湧現的工人作者代表。如此浩蕩的恩寵，在我與馬烽延續近三十年的交往中，馬烽在我面前卻從來隻字未提。

馬烽可說是謝俊傑的恩師，謝俊傑曾兩次有幸與馬烽共同撰寫作品。一次是1965年隨馬烽採訪山西浮山縣寨圪塔供銷社，寫出《革命生意經》；另一次是1974年隨馬烽一起共同改寫反映大寨精神的《山花》電影劇本。對於第一次「合作」，謝俊傑發出這樣的感概：「長篇報告文學《革命生意經》發表後，引起了強烈反響。當我拿到出版物時，簡直不敢相信自己的眼睛，文章的署名白紙黑字竟然是這樣排列：李逸民、謝俊傑、孫謙、馬烽！」對於第二次「合作」，謝俊傑做了這樣的回憶：

> 在那個翻雲覆雨的年代，突如其來的變故常會不期而至。正當人們歡慶「四人幫」垮臺時，北京卻猛不丁來了兩位清查人員，指名找我談《山花》劇組的事。
> 北京派人來清查，自然非同不可，本身就帶有嚴重政治色彩，我的工作所在地立時謠言紛起：

「《山花》劇組是江青的自留地，是『四人幫』的小爬蟲！」

「幾個黑秀才在北京混了一年，誰知道他們和『四人幫』搞了些啥勾當！」

還有更離奇的：「聽說《山花》劇組的人都給抓起來了，看吧，謝俊傑也在劫難逃！」

……真讓人受不了。

在煎熬中度過許多天，所幸的是北京再沒有人來找麻煩。我甚覺蹊蹺，暗中一打聽，原來是馬烽老師替我們遮了風，擋了雨。

馬烽老師在接待北京清查人員時鄭重聲明：「《山花》劇組由我一手負責，他們三個年輕人只不過抄抄稿子、打打雜，什麼也沒有參與過。你們找他們能問清什麼？有什麼問題只管來找我，我負責說清楚。請不要再找他們了，他們年輕人可經不起這個！」

馬烽與我談起過謝俊傑，他隻字未提這兩件事，只是說了謝俊傑在「文革」中到鍋爐房看望正在「勞動改造」的他們的往事：「到了1967年冬天，造反派之間開始打派仗，便將我們幾個趕到鍋爐房燒暖氣鍋爐。剛開始幹不動這麼重的活，燒不起這麼大的鍋爐，工宣隊就又訓又打。停爐後還得爬進鍋爐清理，弄得全身都是黑。有一天，謝俊傑偷偷跑來看我們，一見我們這副樣子就哭了。」二、三十年過去，馬烽說到這裏，眼眶中不由自主地又濕潤了。

馬烽在〈黑暗中的閃光〉一文起首，還寫下這樣一段話：

有人說，時間是醫治心靈創傷的靈丹妙藥。這話有一定的道理。過了十多年後的今天，那些痛苦的印象，漸漸也就淡了。相反地倒是有些好的印象卻難以忘懷。在那個混亂的年頭，我所接觸到的人並不都是兇神惡煞的造反派，也曾遇到過一些好人。我所說的好人，並不是對這個人的政治結論，更不是對這個人的全面評價。而只是說在某些場合下顯示了一些通情達理，或善良的本性。這曾給予我精神上極大的支援。我想趁我現在記憶力還沒有完全衰退的時候，把這些零珠碎玉如實記錄下來。

隨後，馬烽以飽沾情感的筆墨勾勒出一個個好人形象：「遠道而來的紅衛兵」游丹生；那個戴著「工人造反兵團」紅袖箍的「一個農民的看法」；「鍋爐房事故」發生後的劉師傅；「工宣隊員老王」；「黃大夫」；「楊排長」；以及「到農村去的路上」遇到的無名無姓的幹部……。

關於「人之初性本善」抑或「人之初性本惡」的話題，爭議了幾千年。拋開先天、後天這一前提條件，此一話題，從本質上揭示了人性的兩極趨向。性善之人，總是把別人往好裏想，總帶著「情人眼裏出西施」的理想主義色彩；而性惡之人，則總是「戴著有色眼鏡」看人，總是「以小人之心，度君子之腹」。

馬烽的潛意識、下意識中，政治的堅定性、殘酷性和本能的良知、良心時時發生著劇烈的矛盾和衝突。馬烽總力圖把道德的維

度融入政治的思維之中，也許這正是造成馬烽內心困惑和痛苦的根
源。馬烽是天性善良之人。

馬烽無「刺」
——回眸中國當代文壇的一個視角

# 「寡母撫孤」的文化現象

馬烽夫人段杏綿說:「馬烽幼年喪父,大概是七歲左右吧。他父親對他的影響很淡,留在記憶中的,就是他父親當承審員(法院院長)時,坐堂審案的一張照片。」

段杏綿強調說:「對馬烽影響深的主要是他母親。」

馬烽出生在孝義縣居義村。

山西是華夏文化的發源地。與其他古老縣分一樣,孝義縣同樣歷史悠久。早在距今八千年前的新石器時代,這裏就有人類生息繁衍。春秋周定王13年(西元前594年),晉滅虢而遷其民於此,設置瓜衍縣。戰國周定王23年(西元前446年),魏國領晉地瓜衍縣。秦王政22年(西元前225年),秦滅魏,改瓜衍、置茲氏縣。三國曹魏時期,置為中陽縣。北魏太和17年(西元493年),改置永安縣。唐貞觀元年(西元627年),始稱孝義縣。其後雖然還有反覆,但為時短暫,孝義縣名遂延續至今。

為什麼叫孝義縣呢?相傳其中有說道:窮小伙子鄭興很孝順。他的寡母病重在床,這天特別想吃點肉。家窮,哪裏有買肉錢?鄭興情急之下,從自己大腿上割下一塊肉叫母親吃。居然出現了奇蹟,母親食肉以後病情大好,很快就恢復了健康。這是一說。還有一說:有位樵夫上西山去打柴,看到一隻母虎的蹄子被木刺刺中,動彈不得,行將就斃,身邊的兩隻小虎仔也快要餓死了。樵夫看不下去,就救了這母子三個。沒想到這隻老虎特講義氣,知恩圖報,每天捉些麞鹿之類送到樵夫家門口。人們稱其為義虎,

並建起一座義虎亭紀念牠。這兩件事轟動一時，很快傳到長安城裏。唐太宗李世民也深受感動。於是，他發下一道敕令，將永安縣改名為孝義縣。

馬烽先生出生的居義村也有典故：說是古時候有一對小兄弟，大的叫留義，小的叫居義。那天二人正在玩耍，忽然看到一袋糧食不知被何人遺失在此，便一直守著等待，直到失主找回來取走糧食。為表其事，改村名為留義；居義長大後遷到別處，村子起名叫居義。

中國歷史上的統治術，可用八個字概括：「內用黃老，外示孔儒」。一部孝經治天下。被我們現在大為推崇的康熙大帝，就大為提倡孝道。他親自主持編了一本《聖諭寶訓》，拿到宗法社會的宗族祠堂裏去宣講。

忠臣必出於孝門。

馬烽的孝順是村鄰鄉親遠近聞名的。馬烽的忠孝節義自有其深厚的文化底蘊。

馬烽在〈憶童年〉一文中，講述了對母親的記憶：

> 以往，我們家也算是大戶人家。當然會有幾戶富裕的親友。我光是姑姑就有三個，家資都還可以；我父親在官場上混過些年頭，總還有幾個闊綽的同事朋友。但我母親從來不向他們伸手求援，甚至也不主動來往。我記得有這樣一件事：大約是在我十歲左右，汾陽縣新上任的縣長叫王育昌。我父親在壺關縣當承審員的時候，他是縣長，兩家時有來往。我母親不僅認識他的家屬，也認識他本人。當時，鄰居們知道這

一情況後，都勸我母親託人給王育昌寫封信，訴說一下生活的困難，總會給點支援。即使王育昌不理這個碴，對自己來說也沒有什麼損失，「寧可碰了，也不要誤了。」但我母親始終不肯，她說：「自古常說，人在人情在。他爹的骨頭都乾了，何必去惹人家討厭！就算人家發善心，打發討吃的一樣打發你一點，今後該過窮日子還得過窮日子。」從此以後也就沒人再勸她了。

東大王村（筆者注：馬烽母親的娘家村，馬烽七歲喪父後，即隨母親一直住在此。馬烽的童年，因分家、還債等事，父親的居義村給他留下了記憶的傷痕。所以馬烽後來定生活基地，都是定在汾陽，而不願意回到孝義）距城大約三十里，走出十多里就可望到文峰塔的尖頂了。那是一座十三層的高塔，建在離城五里的建昌村，人們俗稱建昌塔，並說那是座風水寶塔。正因為有這座寶塔，建昌村才出了位大人物，就是省教育廳長冀貢泉。當我們坐的大車快到文峰塔那裏的時候，只見各條道路上有許多行人、車輛，向建昌村湧去，不知道那裏發生了什麼事情。趕車的老四向路人打問了一下，才知道這天正好是冀貢泉給他媽做壽，請來著名演員丁果仙的戲班演唱，人們都是去看戲瞧熱鬧的。老四怕村裏人多車多不好通過，於是就從村北繞了過去，走不多遠，忽見迎面來了一輛轎車，車前走著兩個穿制服背槍的巡警。那兩個巡警離老遠就向我們擺手，很顯然是要我們的車趕快讓路。老四連忙把大車趕到路旁停住。不一時那輛轎車過來了，車很漂亮，車上以及馬身上的銅器在太陽下閃閃發光。車裏坐著一位留著八字鬍的闊人，穿著袍子馬褂，還戴著禮帽。他向

我們的大車望了一眼，轎車就過去了。當我們的大車再導入
車轍以後，我媽才說，剛過去的那個人就是汾陽縣長王育
昌，大約是到冀貢泉家拜壽去了。當時我真感到有點驚奇，
大人們議論過多次的這位縣長，竟然在這裏碰到了，真有點
無巧不成書。老四則是不無遺憾地抱怨我母親，他說：「你
要早點說，我把牲口往外趕趕，就把他的車擋住了，你就能
打個招呼。」我母親平靜地說：「打個招呼要怎？我是寧可
安安生生過苦日子，也不願低三下四去求人！」這兩句話可
以說是我母親的處世哲學。

我母親常說：「人爭一口氣，佛爭一爐香。人沒有點志氣，
活得還有什麼意思！」

每逢我辦下錯事的時候，她都不打不罵，而是向我哭訴，訴說
她的不幸，訴說她為什麼要忍受這些痛苦，規勸我要自珍自愛。用
現代的語言來說，她就是要我明白，我是她賴以生活下去的唯一精
神支柱。她的這種教育辦法，在我身上確實起了很大作用。凡是我
母親不讓幹的事，我也就不敢再幹了。

謝泳著有〈中國文化中的寡母撫孤現象〉一文，其中有這樣一
段話：

中國文化存在的「寡母撫孤」現象中的孤子，多數能在失去
父親的情況下，學有所成、有所作為，恐怕不是偶然的，
其中肯定有著複雜的文化根源。當父親在世的時候，孩子
所能得到的母愛可能是有限的，因為母親有很大一部分精

力都用在父親身上，即傳統所謂的相夫教子。但當丈夫死後，中國女性只能把自己唯一的希望寄託在孩子身上，比較明顯地體現了三綱五常中「夫死從子」的文化精神，同時也是「從一而終」思想對女性束縛的必然結果。不過值得注意的是，許多中國婦女選擇「寡母撫孤」的生活道路，除了來自外界的束縛和壓力外，孤子的有所作為和絕對孝順亦未必不是一種楷模作用。無形中成為一種有指望的生活方式。值得注意的是，儒家文化的兩個代表孔子和孟子，都是寡母撫養的孤子。特別是對孟母的頌揚，可能正體現了對「寡母」的肯定。

謝泳在文章中，從文化因素、複雜情感、心理情結諸方面分析了此類家庭結構對人成長的影響。一種「報母恩」的精神支柱，最容易激發人的奮鬥和毅力。並列舉了諸如魯迅、胡適、茅盾、老舍、傅雷、夏衍等上百位現當代文化名人的這類寡母撫孤現象。

馬烽正是其中一例。

馬烽還講述了「三娘教子」的幾個細節。

馬烽說：「我在王家戶裏輩數最小，和我年歲差不多的孩子，不是我的舅舅，就是我的表兄，甚至歲數比我小的，按輩數算下來還是我的外祖父。他們一般都不欺侮我。而外姓的就不同了，他們和我家不沾親、不帶故，又不住在一條街上。他們覺得我是外來戶，難免就有點欺生。小孩子們在一起，也難免為一些小事吵嘴打架。那時候我身體單薄，每逢打架總是以我失敗而告終。每逢在外邊受了欺侮，回到家裏來，我母親總是說：『一隻手拍不響！

你不惹人家，人家平白無故就能打你？」然後就哭訴她命不好，抱
怨我在外面惹事生非。其實那時候我比較窩囊，根本不是那種調皮
搗蛋鬼。有年正月裏看紅火，我無意中踩了一個孩子的腳。那孩子
歲數比我大，身體也壯實。他不問青紅皂白，動手就打。我一面辯
解一面招架。他扯著我的領口拳打腳踢。我的衣服被扯破了，嘴鼻
也流血了。周圍的大人們好不容易才拉開。我哭回家去要求母親給
做主，別的人們也鼓動我母親尋他大人去。我母親沒有那樣做。她
說：『尋到他大人能怎？不過是他大人把他打一頓。他結下冤、記
下仇，遲早還是你的禍害！』她忙燒了些草紙灰，給我止住了血，
直到現在，我的上嘴唇還留有一點不顯眼的疤痕，把扯破的棉襖縫
好，然後對我進行了一些安慰。大意就是『讓人一步自己寬』、
『有仇要用恩解』之類的話。」

　　馬烽又說：「那時候我們家比較熱鬧，我母親的本家兄弟姐
妹、嫂嫂弟媳、侄兒侄女們，常到我們家來串門。有來學針線活兒
的，也有因婆媳不和、妯娌爭吵跑來訴苦情的。對於這類家庭糾
紛，我母親從來不偏三向四，支持這個反對那個，而是加以開導，
兩面勸解、上下疏通，使之言歸於好，無形中她成了左鄰右舍的
『調解委員』。」

　　我很認同周宗奇說的一番話：「一個人終生向惡、向善的品
德走向，關鍵取決於少年兒童時期的家庭教育。根據最新的科研成
果，其中自然也包括胎教在內。而母親的言傳身教尤為重要。對於
馬烽來說，雖然早早就參加了革命，沐浴『三春暉』只有短短十六
年的時間，但母親的儒學道德，已經深深鑴烙在馬烽的心上，一生
從未或忘。」

　　馬烽這篇〈憶童年〉的自傳性散文寫於1982年。其時馬烽已經年過花甲，離開母親已然三十多年了。記憶是一種篩檢程式，凡是沉澱於記憶中的，必是彌足珍貴、難以泯滅的印象。從馬烽的記憶中，我們不難看出，母親身上那些持正守節、忠貞不渝；自尊自愛、自強不息；隱忍寬容、與人為善；主持正義、正直公道的種種美好品德，都滲透在馬烽的血液中，都在馬烽一生的為人處事中得到了充分體現。

# 階級鬥爭的弦一繃緊，
# 戰友關係變緊張

在唐達成與馬烽那次具有文學史意義的會面中，除去引出丁玲一條主線外，還扯出李束為一條副線。我在《唐達成文壇風雨五十年》一書中做了這樣的講述：

> 馬烽很放得開，侃侃而談：「……其實，我早就有心把你調回來。還是『文革』前，我聽說把你打發到山西了，我就有心把你安排回文聯來。為什麼呢？咱們山西文聯作協，寫小說的還有這麼幾苗人。西戎呀、孫謙呀、胡正呀、我也算一個。寫得不咋地吧，總能揮舞兩下子。可詩歌、理論就不行，算把手的人不多，那時候，我就想把你和公劉調回來。所以，我有我調人的理由。……李束為不同意。李束為當然有李束為的考慮。第一，咱們機關本身右派好幾個，你再收留外邊的右派？公劉也是右派。還有個（因為名字不熟悉，沒能記住。段杏綿核實叫蔣壽山），是部隊的，都弄了些右派，叫中央是啥看法？第二麼，……
>
> 馬烽在這裏停頓了，並且一直沒說這第二條原因是什麼。直到很多年以後，我又舊事重提，馬烽才對我續上這第二條的下文：「不能公開說的是個啥問題呢？李束為是怕我的勢力大。李束為總有一種無形的壓力。……他在這兒是文聯的主席、黨組書記。他在山上的時候，我是《晉綏日報》的主

編，他是一般編輯。後來改成晉綏出版社，我是晉綏出版社
的總編輯，他是書刊科科長，西戎是報紙科科長。他比我低
一級。入黨我比他早一年。所以，他無形中感到有點壓力。
他一再跟我說，我退下來，我退下來。我說，我絕不幹那個
事。這不是客氣話，我就是豁出來要搞創作。寫出東西來，
我吃肉、喝酒可以，寫不出來，啃窩窩頭我認了。……他有
他擔心的原因，從文學成就上說，我和西戎總有個《呂梁英
雄傳》，孫謙得過獎、胡正得過獎，我也得過獎，但他這個
人感覺也有些不對，他的文學素養比我們高，他在延安是學
戲劇的，魯藝戲劇系的學生。他等於是大學本科，我們呢，
等於是後來補上的。他對契訶夫的短篇都研究過，是個有才
華的人。但他是又想當官、又想寫作，就什麼也沒弄成。所
以就一心想保住這個位置。……人們背後說白衣秀士王倫。
忌才。其實我們幾個都是貼著他幹的，誰也不想幹那個事。
孫謙是幹那個事的人？西戎是替他辦刊物，西戎在辦刊物上
是花了很大精力的。你讓我幹，我還不幹呢，我也幹不了。
胡正是打裏照外，行政事務這一攤替他扛起來。……所以我
提出來調唐達成，我是從工作考慮的。後來有人對我說，李
束為怎麼會要，弄上你的人就更多了。」

……

那天，馬烽是這樣說：「李束為最後回答我的建議，說經過
再三考慮，說不能。這才把你打發到話劇團。我說這樣不合
適吧？話劇團又不辦刊物。……可是，我還得尊重束為同志
的意見。」

　　我一直沒太弄清楚：為什麼李束為就把唐達成認定是馬烽的人？他是把唐達成和馬烽都劃到了丁玲線上？我知道，當年在延安時期，馬烽、西戎、孫謙、胡正和李束為都報考了「魯藝」。「魯藝」的校長吳玉章僅是掛名，真正主持工作、掌實權的是副校長周揚。後來，李束為考上了「魯藝」戲劇系，而馬烽、西戎、孫謙和胡正都落榜了，只上了部隊藝術學校。直到解放後，除孫謙外，馬、西、胡又都到丁玲的文學研究所「回爐」。因此就「安得倚天抽寶劍，把汝裁為兩截」，硬劃分為兩個陣營兩條線？這也有點太牽強附會了吧！

　　在這裏需要插一句，馬烽夫人段杏綿在看完上述情節之後說：「老馬這番話說得不太妥當。李束為明面上的那番話，很能站得住腳。後面的話，李束為並沒說出口，只是你老馬的猜想。我覺得……這樣是不是會……。」段杏綿努力斟酌著詞句：「都是過去的事了，是不是就不要提了。」

　　我回答：「我能理解您心地的善良。雖說李束為已經作古，您仍怕傷害到他身後的聲譽。馬老在說完上述話後也曾叮囑一句，這你就別寫了。但我還是堅持要寫，因為我感到，馬老與李老之間的矛盾糾葛，無關個人品質問題。他們兩人，都是正直正派，高標準、嚴格要求自己的領導。他們之間的恩怨是非，有著非常豐富的時代背景和社會內容。」


　　蘇東坡有詞云：「月有陰晴圓缺，人有悲歡離合，此事古難全。」古往今來，朋友知己往往聚少散多，因而留下多少人生遺憾。然而，馬烽、西戎、李束為、孫謙、胡正「山藥蛋派」五戰友，從上世紀四十年代初走到一起，卻是破天荒地聚多散少，同一條戰壕共事綿延達一個花甲之久。

馬烽有一段幸福的記憶：

> ……在這次群英會上，我還有一件值得一提的紀念品，這就
> 是我們五個老戰友合拍了一張照片。那時，根據地沒有照相
> 館，平常要想拍張照片很不容易。這次閉幕式前夕，大會通
> 過關係從敵佔區臨時組織來兩位照相師，為的是給會議拍
> 照。我們覺得這是個難得的機會，商妥趁此機會拍一張合照
> 留作紀念。私人拍照當然要自己掏腰包，好在我們身上還有
> 點稿費，照相師也答應了。本來約好是第二天清晨拍攝，可
> 當照相師把照相機在院子裏架好後，才發現孫謙沒有來。正
> 是十冬臘月滴水成冰的季節，照相師冷得又呵手，又跺腳。
> 他們沒有照明設備，不能在室內拍攝，只能在院裏借助自然
> 光。他們一再催促我們快點照，可左等右等，孫謙沒來，到
> 處叫喊也沒有答應。最後是在伙房裏發現他正蒙頭大睡。後
> 來才知道他那天熬夜寫簡報，黎明時候跑到伙房來找開水
> 喝，喝著喝著就倒在炊事員鋪上睡著了。我把他叫醒，一說
> 要照相，他拍著腦袋說：「咯，我把這事給忘了！」他睡眼
> 惺忪地站起來就往外跑，我要他洗把臉，他說：「算了，我
> 這醜人，再洗也是這德性！」我們匆匆來到照相機前，終於
> 拍了照。兩天以後，我們每人都拿到了一張六吋的合照。就
> 是這張照片，曾引起我們對往事的不少回憶。

這張攝於1944年群英會的照片，成為一份珍貴的文學史記憶。
馬烽還記載了二十年後的一張照片：

六十年代初，新華社山西分社攝影記者王文西約我拍了幾張工作照，想看看我的舊照片，我就把這張五人合照給他了。他問那四個人是誰？我一一做了介紹。他聽說四十年代抗日時期文藝戰線上的五個戰友，到了六十年代仍然在文藝戰線上，而且是在山西省文聯同一個機關工作，立時來了興趣。他覺得可以拍成一組攝影報導。於是就給我們五個人按原來的位置拍了一張合照，另外又分別給每個人拍了工作照。後來這些照片由新華社攝影部發了通稿，標題是「文藝戰線上的五戰友」，國內有好幾家報刊登載了，這給我們帶來歡樂。

後來到上世紀九十年代，在馬烽、西戎、李束為、孫謙、胡正五戰友從事文學創作五十年紀念會上，又留下一張五人談笑風生的彩色合影。攝影師是山西作協創聯部主任曹平安。

三張照片堪稱三個里程碑，記載了五戰友源遠流長的兄弟情誼。

西戎寫過一篇散文〈吸煙憶趣〉，記載了五戰友之間的一段往事：

有一天黑夜，《抗戰日報》分管通聯工作的郁文同志來了。他本人不會吸煙，卻從宣傳部長張稼夫同志那裏給大家帶來一包香煙。他笑瞇瞇地把煙舉在頭頂，讓大家看。我一看，呵，果然是一包「順風煙」。喜出望外，眼巴巴等著品嚐。郁文同志一面清點煙民人數，一面說：「稼夫同志本來給了一盒，說大家辛苦了，專門犒勞各位，可是中途碰見幾個熟

人，已經打劫了多一半，現在只剩下三支，我來分配。報社四名記者，分兩支，剩下這一支，只能委屈會刊的三位編輯伙計抽了。」

聽說是從敵佔區太原府弄來的香煙，就是只能吸到一口也不能棄此良機。我們三個人的這一支煙，如何吸法，是得先討論一番：我主張把煙掰成三截，各吸一截，公平合理。馬烽同志說那樣抽要留三個煙蒂，太浪費，不如把煙量好了尺寸，劃出記號，第一個人吸到劃記號的地方，交由第二個人吸，最後由第三個人吸完。方案已定，協定達成。由馬烽用米尺量好距離，劃出記號，並說我年紀小，交由我來先吸，他第二個吸，李束為同志年紀大，最後輪他。再無異議，開始由我點煙。

「順風煙」，煙桿細長，煙絲金黃，清香撲鼻。我把香煙拿在手上，先放在鼻尖享受了片刻香煙的芬芳，然後才劃著了火柴，猛吸一口，接著又猛吸一口。馬烽當即驚呼：「過線了，快拿過來！」說時遲，那時快，趁機我又猛吸一口，閉住嘴，凝著氣，不讓煙氣從嘴裏溜走一絲，順手把煙交給了馬烽。

馬公此人，高擎著香煙，並不馬上吸，而是先拉過一條長板凳，正襟危坐，把煙送到嘴邊，慢吸細品，順手還端過一個搪瓷缸，呷一口水，方把憋在嘴裏的煙氣送下喉頭。李束為瞅著急了，笑道：「真叫酸勁兒不小！」一句話，把馬烽逗樂了，噙著的一口水，在喉嚨裏笑岔了氣，水噴出來，濺了一桌子，把嘴上的煙也洇滅了。紙煙浸了水，紙皮開裂，煙絲散亂。李束為忙過來把散落的煙絲收攏，裝進他的自製棗

木小煙斗，坐在炕沿，兩腿一盤，不慌不忙，慢悠悠地品嘗，吸一口，還要美滋滋地咂咂嘴，吐一個煙圈兒，讚不絕口：「好煙！好煙！」

馬烽同志一面收拾噴在稿紙上的水珠，一面帶點嫉妒地說：「今天好活了束為！」

還有一個細節，更顯示了五戰友之間兩小無猜、情真意切的感情。馬烽有一封保存了五十年之久的信，是1946年2月22日西戎寫給馬烽，談《呂梁英雄傳》的修改意見。在這封信的結尾部分，有兩條「又及」：前一條很簡單：「明天就走，可能坐汽車，但不肯定。」後一條就饒有趣味了：「再，我走時，因來不及縫，穿上了束為的褲插（衩），束為回來，不急需，就等我回來後還他，假使急需，就請你給他錢，買一條褲插（衩）的布好了。」

中國俗話裏有「好得像穿一條褲子」之說。那是形容朋友之間的關係親密無間，好得不能再好了的意思。沒想到生活中的馬、西、束三位先生，當年真的穿過一條褲衩。

五位著名作家少年結識，年齡相當，都出身農村，都是高小文化程度，都是自學成才，差不多同時發表處女作，成為獨特的文學流派「山藥蛋派」的主要代表人物，解放後又都同在一個文化單位供職，戰友、文友加朋友。本來在古今中外的文學史上可說是絕無僅有，無疑應該留下一段「高山流水話知音」的文壇佳話。

然而熟知其中內幕的人，對他們的名字有一個戲謔且有寓意的排法：西李馬胡孫（稀里麻糊鬆）。儘管他們五戰友也共同做出努力，試圖維護一個「團結」的表象，但歷史和現實，卻與他們開了一個無情而殘酷的玩笑。

　　1962年8月16日，中國作協召開的「大連農村題材短篇小說創作座談會」結束不久，9月24日，中共中央八屆十次全會在北京開幕。正是在這次全會上，毛澤東向全黨提出「千萬不要忘記階級鬥爭」。「勁風吹皺一池水」，剛剛得以寬鬆的文藝界驟然又變得緊張起來。

　　胡正向我講述了發生於這樣大背景下的一件往事：

　　「李束為聽到風聲，要批判大連會議，這就緊張了起來。出於一種自我保護吧，先下手為強，後下手遭殃。李束為就寫了個材料，向省委宣傳部打了個報告，說文藝界思想狀況很不好。把馬烽的〈三年早知道〉、西戎的〈賴大嫂〉、孫謙的〈葡萄熟了的時候〉（筆者注：甚至連胡正《七月古廟會》也報了上去）一大批作品報上去，作為批判材料。可他自己的〈于得水的飯碗〉卻隻字不提。這就做得有點過分。在這之前，大家的關係處得還挺好，我們都支持他工作，我們回來就是搞創作來了。1962年的困難時期，李束為寫了一篇文章，叫〈于得水的飯碗〉，過去是沒碗沒飯，窮得叮噹響，舊社會。現在是有了碗了又沒飯了，三年的困難時期又回到舊社會了。寫了在《火花》發表以後，北京那時左的風氣又來了，當時在北京開一個文化工作會議。我們去參加了，李束為沒有參加。馬烽消息靈通，因為他和北京上層熟悉，回來就說，上邊《文藝報》對咱們注意了，〈于得水的飯碗〉，要掀起批判。這可怎麼辦？我們幾個人就商量了個主意，讓李束為修改一下，把它改過來，反面題材正面寫，于得水的飯碗又好了，稍微一改幾句話就行。就像打倒『四人幫』以後，不是把許多批鄧、反擊『右傾』翻案風的詩稍微一改，就變成批『四人幫』了。飯碗裏又有米有肉

了。怎麼辦呢？電話不好說，老胡，你給咱跑一趟吧。我就從北京趕回太原來跟他說了。他挺感激，說好好好。我又出個主意，你改好以後，寫個編者按，作者對作品的修改，叫自我檢查自我完善。連夜改好，連夜發排，《火花》上很快出來。出來以後，沒說的了，人家已經自己改了（胡正此處有得意地「哈哈」一笑）。所以那一段挺好啊。後來到1964年初文藝整風的時候，空氣就緊張了，又要搞『四清』，又要搞階級鬥爭。空氣緊張以後，關鍵是中國作協，劉白羽有些左，他的左當然也和上面有關係。要執行上面的意圖。毛不是有批示麼，什麼裴多菲俱樂部；什麼帝王將相，才子佳人，十七年來沒辦好事，文藝界整個一條黑線。中國作協就得按這個口徑來。大連會議就定了個『黑會』。李束為也是捨卒保帥，好保自己過關吧。」

胡正還說：「李束為給省委宣傳部寫了個報告，把我們幾個一個個批點一回：說馬烽是蕭洛霍夫似的人物，當時不是要反對修正主義，蕭洛霍夫就是修正主義文藝的祖師爺；說西戎是光顧種了自己的自留地，荒了公家的田。也就是說西戎把刊物甩給陳志銘，自己下鄉寫作品；說我是老毛病、老問題，吃喝玩樂，生活作風不好；說孫謙是玩物喪志，孫謙那時候在他家院裏挖了坑養蚯蚓、餵烏龜。還連帶著把韓文洲、劉德懷幾個也說上了。這個報告到了宣傳部，宣傳部有一個人就把報告透露給馬烽、孫謙。啊呀，這下子可氣壞了。孫謙氣壞了有道理，他經歷過一次反右傾，反右傾的時候寫過兩篇文章，對大躍進、人民公社不滿意，他了解文水的情況，就把當時文水的縣委書記寫了一篇，叫〈言大必空〉。很有名的一篇文章，就被批判成右傾機會主義。在北影受了處分，他在北影受了一場冤枉，才跑到山西。孫謙火了，說，我嘩嘩地寫東西

吧,說我是宣傳資產階級生活方式,是『老右傾』。我養病,不球寫了,又說我玩物喪志。怎麼弄球也不對,怎麼做也是個挨批。火得不行。西戎也火了,馬烽也火,但政治上比他們高一點。」

李束為這樣向我說到馬烽:「老馬是個搞政治的。不像他們瞎胡鬧。」還說:「老馬是掌櫃,他們下面幾個只是小伙計。」李束為的話說得含蓄得體。儘管讓人總覺得話中有話,弦外有音。

劉金笙的話就說得十分明確無誤了。

劉金笙當年在《太原日報》主編副刊,我最初的幾篇作品就是在他手上發出的。後來我借調到剛剛恢復的省文藝工作室編《汾水》雜誌,一段時間後,有了正式調我去工作的意向。那時,劉金笙就以長者和過來人的口氣勸告我:「那不是你去的地方。我算是個老人了,他們調我,我是再不會回去了。你年紀輕輕,你服不住那地方!」「服」是太原地區的一句土話,大意是「服水土」,適應新環境的意思。劉金笙是一片好心。他向我講了他在《火花》幾十年的感受。

劉金笙說的一句話給我留下特別深的印象:「馬蜂的刺是藏在屁股後面的。平時嘻嘻哈哈你看不到,緊要關頭扎你一下,入骨三分的毒。」

我還聽到過一件頗能反映劉金笙與李束為之間關係的事:

那年,劉金笙和李束為一起在南柳搞「四清」,劉金笙家裏邊孩子病了,那時候電話還很不方便,不知道這消息怎麼傳到李束為的耳朵裏,李束為就把劉金笙叫去,交給他一封信,這封信已經寫好,口也已經封了,李束為對劉金笙說,老劉,麻煩你回太原跑一趟,機關裏有些事情,順便回家也看一看,多待幾天。劉金笙把信

交給辦公室，辦公室說，沒什麼事，主要是你孩子病了，快回家看看吧。說著，當著劉金笙的面拆開信，裏面白紙一張，沒一個字。

從這曲折的反映途徑中，我們似乎隱隱能感覺到一些李束為對馬烽的誤解。

原本溫情脈脈的五戰友，階級鬥爭的弦一繃緊，原本親密無間的戰友關係頓時變得緊張起來。

# 普天之下莫非王土，
# 率土之濱莫非王臣

　　在我對胡正的訪談中，胡正是這樣談到李束為：「那時候李束為是文聯主席、黨組書記；馬烽是副主席、副書記。李束為他內心有個根本的矛盾，根本的矛盾是什麼呢？主要問題是領導地位與文學成就的問題，這是問題的核心。一個是他是山西省文藝界的最高領導，但在創作上他又次於其他人。這是他的根本矛盾。矛盾情況下產生個什麼問題呢？他在機關愛專權，他不放權，他說了算。就是想維護他的最高權威。可他寫作上又比這些人差，有點底虛。一開始馬烽和我們幾個維護他，他主持工作，我們就應該維護他，我們幾個還可以抽時間搞點創作。……我和他還有個事情，那一次開電影創作會，在北京，我正好寫了《汾水長流》，在電影創作會上把我的房間安排得好一點，他的房間差一點，我當時看見他就不高興，我就趕快跟會議上說，這是我們的主席，不能因為說他現在沒有作品就這樣安排。他當時就不高興了。他在這兒地位最高，但是，在文藝界的影響不大，這是他和我的一件小事情。大事情是什麼呢？我當時當的是祕書長，祕書長在李束為和馬烽兩人之間的排名，很難處。我寫什麼東西，有時候給省裏打報告，李束為在馬烽前邊：李束為、馬烽；有時候給中央寫什麼東西，馬烽在前，李束為在後：馬烽、李束為等作家，他也不高興。作為作家，馬烽在全國文壇比李束為有影響得多，所以我寫作家把馬烽寫在前面。這個事情不好處理。所以武振國（筆者注：當年的省委祕書長）給我

講，我對省委書記和省長的關係，真不好辦。我還是盡量維護他們，在他們之間盡量搞平衡，李束為也不行。伴君如伴虎，李束為是要維護他的絕對權威，要利用機會把別人都壓住。」

唐達成在1985年登上中國作家協會第一把手寶座的時候，曾頗為感慨地說過這麼一番話：「在中國文壇，要做一個文壇的頭頭很難很難。無數雙自視極高的眼睛盯著你、衡量你，不僅衡量你的組織能力、領導能力、行政能力，還要衡量你的文學素養、創作成就。人哪能是全才，又紅又專？有那麼大精力？你處理了行政雜務、操心了宏觀大局，自然沒功夫埋頭書齋舞文弄墨。一心難以二用，更別說潛心寫出好作品了。顧頡剛說過一句話：『一手畫圓，一手畫方，必然兩難畫好。』政治、文藝，原來就是兩個不同圈子的事情。可文壇就是有不少人，把自己看成是『雙槍老太婆』，也用這個標準要求別人。當一個中國文壇的頭頭腦腦，實在太難了。」

這也是富有中國文壇特色的一個現象。周揚和丁玲之間就存在這個怪圈。現在，馬烽和李束為也無一能免地落入這一怪圈。

李英說：「李束為這個人，什麼時候也是繃著個臉，沒一點笑容。老馬、老西他們幾個，到一起總愛逗個樂，說個笑話什麼的。可一有他在，整個氣氛就不對了。」

李國濤還說到這樣一個細節：「有一次參加一個座談會，司機把車開到了馬烽家門口，李束為一出門，發現車停了老遠，二話不說，返身就回了家，會也不參加了。李束為對身分、地位還是很在乎的。」

我還聽到過李束為與胡正之間的一個細節：胡正在會議室打乒乓球。胡正一向瀟灑，乒乓球也打得漂亮，人們正在奉承誇讚：胡

總理（胡正因其行政能力的幹練，作協人送他的雅號）多才多藝，你參加省直機關的乒乓球比賽，準能拿到名次。正值李束為進來，不冷不熱地來一句：胡正，他吃喝玩樂啥不會。按說胡正也是個有地位的作家領導，李束為竟然如此不給面子。我就此事向胡正證實，胡正說：「他好像不是當面對我說的。他就是有意這麼散佈，他就是要為自己製造一種氣氛，他要保持自己的絕對權威。可是你要考慮，你要樹立自己的絕對權威，你創作上要拿出過硬的作品。你作為一個領導的作風、領導的風度、領導的修養，光是想比別人高，你不這樣考慮，光是想壓住別人，怎麼行啊？」

我們的作家協會體制，就製造著這樣的怪圈，把人置於如此的兩難境地。

讓我們從馬烽各個時期的記憶中，感受些許身處其中的難處：

我的調動還必須去山西跑一趟，看看人家歡迎不歡迎。

我到太原後，先到了省文聯。這二年每次路過太原都是在這裏停留。省文聯的一些領導人，有的調到北京去了，有的調到了華北局，有的調到了省出版社。李束為原是省委宣傳部文藝處長，後來就調來省文聯擔任黨組書記，主持文聯的實際工作，他對我要求來表示歡迎。胡正、西戎來此也是經他辦理的。於是我們又找了宣傳部祕書長盧夢同志說了此事。盧夢是個辦事比較穩妥的人，他說他還需要問問省委負責同志再說，即使來還有個如何安排的事。我告訴他說我不要任何職務，只要求能下鄉搞創作就行。第二天盧夢親自來文聯告我說，他已經和省委負責同志說了，他們表示歡迎。因為

我是文藝三級幹部，必須要有中組部的介紹信，免得人家說
山西挖中央的幹部。

我們開始籌備山西省第二次文代會。第一次文代會是1949
年冬天開的，快到年底了。現在我回到山西，出現了一個問
題：誰來當新一屆文聯主席？開會前，李束為找我說：你
當主席吧。我表態：絕不當。這裏有個我和李束為的關係
問題。

李束為比我大四歲。他是延安魯藝戲劇系的正式學生；我是
延安部隊藝術學校學美術的。他的藝術水平比我高。我原來
曾經領導過他。1940年在呂梁劇社時，他當支部書記，我當
副書記。到了1945年至1946年在《晉綏大眾報》時，他是編
輯，我當過代理主編。當時主管報紙的是吉哲，因為在「搶
救運動」中是「搶救對象」，正在甄別中，不能行使主編職
責，才讓我臨時代理。抗戰勝利後，成立了晉綏出版社（原
來叫呂梁文化教育出版社），社長是蘆夢，我是總編，李束
為是出版科科長（西戎是報紙科科長）。他是在我的領導之
下。1949年召開全國第一次文代會時，我被選為全國文聯候
補委員、作協（當時叫文協）理事。他不是。但他現在已經
是山西省文聯黨組書記，當文聯主席自然該是他。他一再推
舉我。我是堅決不幹。我親自去找了蘆夢和史紀言說明情
況，原先就怕回山西後出現這種問題，把老李擠下去。我回
山西不是要幹這個，真是想當官，我在北京已是全國作協青
年部副部長，屬副局級幹部了，回來幹嘛？我的目的真的是
想一心一意搞創作！他們看出我是真心不想當文聯主席，也

就同意了。選舉時，我被選為文聯副主席、作協主席。西戎
既是文聯副主席，也是作協副主席。胡正是祕書長。副主席
還有郝汀、鄭篤、賈克等藝術界的人。

1974年，省裏一大批老領導都恢復了工作，像王大任和蘆夢
都官復原職了。他們決定要恢復文學領導機構，要辦文學刊
物。有一天，他們派車將我接到晉祠賓館，給我下任務，叫
我將散落在全省各地的文藝界人士都收羅回來，逐步恢復起
文聯。我說可以；但必須有幾個條件：第一，要回到原住
址，南華門東四條；第二，要調人，先得調原文聯下放的、
現在依然在下面沒人管的人員，造反派頭頭一個不要。第
三，要讓我幹，黨政雙肩挑，免得扯皮誤事。他們答應得很
痛快。就這麼著，我們經過一陣努力，成立起山西省文藝工
作室，辦起了機關刊物《汾水》。我同時擔任黨組書記和文
藝工作室主任。為什麼不叫「文聯」？為什麼不叫老名字
《火花》？還是心有餘悸呀，怕人家說是死灰復燃、反攻倒
算，所以只好另打招牌。

打倒「四人幫」之後，按照省委指示，山西文藝工作室要恢
復成原省文聯機構。這就得籌備召開全省「文代會」。但
是，「文革」十年，各地、市的文聯早就沒有了，現在要恢
復省文聯，沒有這些基層組織怎麼辦？1978年春天，開了一
次省文聯第三屆第二次常委擴大會議。全省第一屆「文代
會」是1949年召開的，第二屆是1956年召開的，第三屆是
1963年召開的。所以這次召開三屆二次會議，距1963年已相

隔了十五年之久。十五年中會發生多大的變化呀！有的常委去世了，有的常委離開了山西，有的常委已年老多病，出不了門了……為了湊齊法定的開會人數，不得不變通一下，將各地、市正在主持這方面工作的同志擴大進來。這才開成了會，宣佈正式恢復省文聯。當時還有一個具體問題：原省文聯主席束為同志已經調到太原市工作了，那麼由誰來主持這個會議？根據上級的指示，我這個第一副主席就做了主持會議的臨時主席。

1980年，召開了全省第四屆文代會。開會之前，李束為同志提出想回到文聯工作，不想在太原市那邊幹了。他找我們。我們當然同意。經過請示省委有關領導和部門，得到正式答覆，便將他調了回來。

選舉前，省委提出的候選人名單是這樣的：我是主席；鄭篤是常務副主席；西戎是副主席；胡正是祕書長。正式選舉的結果是：我是主席（兼黨組書記）；李束為、鄭篤、西戎、孫謙、胡正、王玉堂等都是副主席。另外，西戎兼黨組副書記；胡正兼祕書長；鄭篤仍是常務副主席。

馬烽以上的簡述，勾勒出馬李二人間建國以來此沉彼浮的大致輪廓。金字塔式的權力結構形式，使人與人之間的關係像倒金字塔一般搖搖晃晃、不穩定，這種脆弱的結構，一遇到有個風吹草動，即刻面臨整體坍塌。

讓我們還是先聽馬烽的講述：

到1966年夏天，報紙上調子就不一樣了。不久，華北局在北京召開領導幹部會議，北京、天津、河北、山西、內蒙等五省區的省委書記、省長、主要部門領導，以及文藝界領導都來參加，全部住在前門飯店。山西文聯是我和蘇光兩個人與會，當時李束為還在鄉下搞「四清」，只好由擔任黨組副書記的蘇光，和擔任作協主席的我前去開會（筆者注：此時馬烽、蘇光也在搞「四清」，參加會議、甩開李束為本身就有點蹊蹺和怪異）。這次會議前後開了一、兩個月之久，首先是整頓領導。像山西就把太原市委書記袁振整了一頓。接著一邊學文件，一邊叫大家給省委提意見。這在從前是沒有過的事。

當時，文藝界主要是批「大連會議」、批「中間人物論」。會議期間，中國作協黨組給華北局領導提意見，說《人民日報》馬上就要發表文章批判「大連會議」了，可你們還沒有給山西方面打招呼，山西有好幾個作家參加了「大連會議」，都在會上「放了毒」，你們也不派人來抄抄他們的發言，將來公開批判以後會很被動的。山西省委書記衛恒一聽有點著急，就對省委宣傳部長蘆夢說，這個問題很重要，不管將來整不整，先應該搞搞清楚。於是決定派我上中國作協抄「大連會議」的原始記錄。我不想去，明知道將來要以此整人，不願摻和整人的事。省委不行，叫蘇光跟著我一塊去。中國作協負責這一攤的人見了我們就說：你們怎麼才來？人家別的省早就抄走了。於是，我倆翻開原始記錄，抄下趙樹理、李束為、西戎三人在「大連會議」上的發言。我們完全照抄，連錯別字也照抄不誤。回來後立即交給蘆夢部

長。其實他們在會上所說的話也沒有什麼，都是我們原來在一起時說過的話。

很快，《人民日報》的批判文章見報，認定「大連會議」是「黑會」，雖然還沒有點出作家的名字，只引發言，但調子也夠高的了。山西省委宣傳部按記錄查對，發現說話最多的是趙樹理，李束為和西戎也有。沒過多久，批判的氣勢越來越兇，開始在報上公開點出作家的名字了。山西省委急了，說咱們也得動起來，不然太被動了，於是就組織人寫批判李束為的文章。批判文章是由省委宣傳部直接組織人寫的。

我們從華北局開會回來，「文革」就開始了。機關裏已經有了大字報，不過還不多，在機關大院一個大廳裏掛著。不久，要成立「文化大革命領導小組」，進行民主選舉，沒有候選人，海選。我幾乎全票當選為組長。副組長是蘇光（時任黨組副書記）、王世榮（中層幹部）。

1966年9、10月間，「大連會議」是「黑會」的說法已經傳到社會上。省委看看此事壓不住，決定公開批判李束為。趙樹理目標大，但他屬於中央組織部管的幹部，人事關係還在北京，他回山西把家屬安頓好以後，人就去了晉城。西戎也是「大連會議」的參加者，但省委的意思是能少點一個算一個。有一天晚上，有人打電話通知我去省委開會。會議由省委書記王謙主持召開，宣傳部長蘆夢等人在座，還有報社的一些人。王謙說：明天公開批判李束為同志，先是電臺廣播，隨後報紙出來。他讓我今晚回去立即給束為同志打招呼，叫他有個思想準備，免得一下受不了。我說這事我不能

辦，因為我與束為同志之間已經有些誤會，由我出面不方
便。王謙便對宣傳部長蘆夢說，那你跟馬烽同志一起去吧。
我當時覺得，李束為是我多年的老戰友，老革命了，就因為
參加這麼一次會議，受到公開批判，這不就把一個人給毀了
嗎？心裏非常難過，也接受不了這樣一個事實，當下就哭
了。王謙說：「你們多年在一起，心裏難過，我能理解。不
過，這也是沒有辦法的事，省委已經定了，也請示過華北局
雪峰書記，叫先批一個，只能是李束為；再說明天也不是批
他一個人，還有副省長王中青同志，還有一個中學的校長。
我問：點名批判一個人，是否就要開除他的黨籍？王謙說：
這倒不一定，也不好說，還得看他的表現吧。我心裏明白，
省委這也是迫於形勢，揮淚斬馬謖。
從省委開會回來，蘆夢部長也跟著來了，連忙把束為同志叫
到辦公室。老李的情緒本來就不好，一聽這個消息，他就沮
喪地說：我想著也逃不脫！蘆夢勸說道：你是老同志了，運
動嗎，要挺得住，你可不能想不開呀。李束為說：我挨過
整，又不是頭一回了。

　　從馬烽的講述中可以看出，馬烽小心翼翼地躲閃騰挪、極力迴
避敏感神經的心態已經盡顯無遺。然而，歷史的進程不以人的意志
為轉移，現實中就有邁不過去的坎、繞不過去的彎。

　　在我對胡正的訪談中，胡正講到「文革」初期的馬烽和李束為。

　　胡正說：「『文革』開始，李束為最早受到衝擊。劉白羽把大
連會議的記錄發下來，我們參加過大連會議的兩個人：李束為、西
戎。省委一開始就定了批判李束為和西戎。馬烽『文革』一開始，

省委定為『文革』的小組長，領導『文革』，批判李束為和西戎。
省委有他的考慮，他也要拋出兩個人來。省委是王中青，文藝界就
拋出個李束為來。……後來造反派奪了權以後，把我們集中起來，
讓我們掃胡同，就咱們現在這個東四條。後來又去燒鍋爐。我沒有
去燒鍋爐，李束為、馬烽、西戎、孫謙他們四個去了。為什麼呢？
我當時討了個巧，進駐我們機關的造反派，當時與劉祖武有聯繫，
劉祖武當時是省革委文教組的頭，劉志蘭是文教口分管領導，劉志
蘭下面就是劉祖武。劉祖武是我們原來《晉綏日報》的一個編輯，
在《晉綏日報》時候我就認識。後來到太原以後，先是宣傳部的幹
事，升成處長、副部長。王培民、周彥傑他們當時都是造反派，還
有個『全無敵』這麼三個造反組織。我總聽他們說，劉祖武在會上
對我們有什麼什麼指示……他們這個組織呢，明打馬烽、暗保李束
為。他們和劉祖武聯繫上，劉祖武是當時文教委員會的頭麼，也是
權威。他們回來以後就說劉祖武有什麼什麼指示，好像又比其他造
反組織厲害一些。我當時心裏想，你們和劉祖武有聯繫，我比你們
更有聯繫呀，他對你們還是下級，和我是老同事了。有一天晚上，
我跑去見了劉祖武，我說，我每天掃院呀，天不亮就得起來掃院，
我身體又不好。他說，嗨，算算，別掃了，你參加批判吧，批判
馬烽。他當時為什麼要批判馬烽、保李束為呢？他和李束為有什麼
淵源呢？他當副部長以前當處長的時候，下放原平當縣委書記，準
備提拔，先下到基層去鍛鍊。李束為當時下來，李束為一直是《晉
綏日報》的，就給他寫了文章〈晉綏行〉，吹捧他。兩人關係就不
錯。所以文藝界造反派向他彙報的時候，他說，李束為沒有什麼大
問題，主要是馬烽，馬烽與丁玲的關係不清楚。可是李束為是省委
一開始讓批判的人物，也不敢公開保，就得暗保李束為、明打馬

烽。這是他們定的東西。我就取了個巧，參加批判麼，我說了又不算話，我當時對『文革』有個看法，兩派呀沒有什麼誰真理，誰對誰不對，都是對領導的看法不一樣。另一方面從個人說呢？你傾向於這個領導，那派就打你，你傾向於那個領導，這派就打你，我的原則就是，誰也不保，也不參與。」

　　黃仁宇在《中國大歷史》中有精闢的見解：「中國的當代史可以簡明概括：國民黨和蔣介石製造了一個新的高層機構；中共與毛澤東創造了一個新的低層機構，並將之突出於蔣之高層機構之前。」蔣介石只重視「上層建築」，組建了官僚機構，認為就此可以穩坐朝廷；而毛澤東的高明之處，在於看到了「上層建築」之下，不時湧動的流沙。更重視「基礎」的建設：把政權一直延伸到最基層的每一個社會細胞：如支部建立在連隊；建立貧農團，村村寨寨成立基層政權。黃仁宇還說：「這樣一來，中共與毛澤東替中國創造了一個新的低層機構。……某些單位等於選區。有了這樣的力量擺在他們的後邊，中共從此對付國民黨已無實質性困難。」毛澤東最終把蔣政權搞成無根無基的「海市蜃樓」。

　　毛澤東更透徹地了解中國這一幾千年封建文化積澱形成的社會意識形態。毛澤東比蔣介石有著更為高明的統治術。

　　普天之下莫非王土，率土之濱莫非王臣，祖國山河一片紅。

　　馬烽以為離開京華就是告別了是非之地，豈料「佛法無邊」，你一個跟頭就是十萬八千里，也翻不出如來佛的手掌心。

　　這種結構的特徵是：上邊打噴嚏，下邊就患中風。兩條路線的鬥爭年年講、月月講、天天講，下面就有劃不完的線、站不完的隊。

　　讓我們看看馬烽與李束為之間這種若隱若現、時沉時浮的磨擦，給下面所形成的陰影。

　　焦祖堯如是說：「劉祖武與馬烽、李束為之間是怎麼個微妙而複雜的關係，我也搞不清楚。就是因為李束為讓劉祖武關心我，這是祖武給我講的，說馬烽對你這個就是因為那個……（筆者注：此處焦祖堯語焉不詳），劉祖武他們都是《晉綏日報》的，關係都挺好的。劉祖武回來對他們講了，在大同如何如何……（我問：「李束為為什麼對你那麼好？」）李束為也不是說對我如何好，『文革』前我早就寫東西了。從1957年我就在《火花》發表作品，我記得我發的《春天在綠樹堡》，那是我一篇比較好的小說，近兩萬字的小說，李束為比較愛才吧。這個稿子我給了《火花》，他們打電話叫我回來，所以這一點我很感激他們。李束為、馬烽、西戎、孫謙，五個人，有一天晚上，我到太原，他們端個茶杯到資料室，就在那個地方同我談。五個人都來，談一個作品，這對我夠重視了吧？所以我對他們是很感激的。你們老同志，我作為小輩，我希望你們都好，我不能說再在裏邊怎麼樣。」

　　焦祖堯還說：「我記得周宗奇給我說過，伙計，你在那兒怎麼住呢？我當時住的地方，一邊馬烽一邊李束為。北房是馬烽，南房是李束為。我住西房。我說，那有啥，我工作上的事情，該找誰我找誰。沒事，我誰家也不去。什麼原因呢？我過去與他們都沒有過多接觸，他們都是前輩作家，原因大概是這樣吧，原來省委宣傳部有個部長劉祖武。劉祖武『文革』中間被打倒，重新安排工作的時候安排到大同，開始的時候是文教部副部長，文教部就管文化局呀，那時候文聯還沒恢復。後來任文教部長。他們原來都是《晉綏日報》的，劉祖武跟李束為關係很好。劉祖武去了大同以

後，對文學非常喜歡，他本來就是搞文字的麼。他到大同以後，很關心我，我的入黨問題，本來1958年下放的時候就要解決了，但以後由於知識份子的原因，一直拖拖拖。劉祖武下來的時候，大概李束為也打了招呼，李束為沒有對我講，可是馬烽知道。我是1975年入的黨，就因為這個，我告訴你說吧，後來周對我講的，周與馬烽關係很好，說是李束為拉我入黨的。就因為這個原因就把我劃為李束為的人了。我記得作協文聯分家，有一次韓石山和我談，說老焦啊，你是作協的人。那時候李束為還在這兒，文聯的房子蓋起來才走。意思是你應該站在哪邊，我清清楚楚的。那時候，李束為已經回來了。對他們來講，我是小字輩，他們之間在歷史上有些什麼過節，作為小字輩，我都希望他們好，不是五戰友嗎？我絕不會在中間做些什麼。我不是那樣的人，我也不會去做那樣的人。」

詩人張承信對我說過這樣一個細節：「別說老焦書生氣，老焦政治上也敏感得很。1980年換屆的時候，老焦還在大同沒調回來。填主席選票的時候，我坐在他旁邊。他這樣子填（張承信抬起一條胳膊，做遮擋的姿勢），我瞥了一眼，他填的是李束為。」

焦祖堯在大同時的入黨介紹人是劉祖武；劉祖武是李束為打了招呼讓他去大同後關照焦祖堯的；焦祖堯後來的失敗執政，又與馬烽、李束為兩大板塊的存在現實究竟有多大關係？⋯⋯不是三言兩語能夠說清的。我在〈在病房──焦祖堯十年執政記憶〉一文中有詳細記述。

李國濤還向我講述了這樣一個細節，也頗能看出馬烽與李束為之間關係的微妙。

李國濤說：「還是在八十年代初，有一個老同事的孩子想調動工作，找到了馬烽。馬烽找我說，這件事情一定要辦，也不出原則，也不費多大事。當時李束為的老婆就在北城區委宣傳部，她就是順手辦的事。馬烽說，不過這件事得琢磨琢磨，由誰去說比較合適。要是我去說，不僅辦不成，還得壞事。我考慮還是你去說最好。我與李束為關係一直不錯，當年我從西山下來，調到社科研究所，還是李束為推薦的。所以馬烽讓我去說。從這件事你就可以看出，他們之間的關係有多彆扭。」

張承信向我說過有關馬烽、李束為的這樣兩個細節。

張承信與西戎的關係，由於某次事件，發生了很大變化，為此，一直在《山西文學》編輯部做詩歌編輯的張承信被調離了編輯崗位。對此，張承信說了馬烽對此事的態度和說法：

「這個問題，老馬和我有過一次談話，談得挺好。他說，把你調出編輯部到創聯部，脫離了專長，心情不是那麼適應吧？我說還可以吧。我能說什麼？老馬說，我處在這麼一個位置，不能說不管，又不能什麼事也管。讓老西主持工作，我也不好一旁指手劃腳，先待著吧。這個事情在各地市都有反映，因為我們兩個（筆者注：指同時調出的詩人文武斌）都有些名氣，編詩歌也還稱職，一起都調出去，把搞評論的老蔡調整編詩歌，反響不小。這是1982年的事情，一年以後，機關裏有個變化，李束為重新回文聯工作，是文聯的黨組副書記，主持工作。黨組書記還是馬烽，但老西不再主持工作了。李束為這個人是搞政治的。李束為主持工作後，抓的第一件事情就是解決我的工作問題。那時文武斌已經去世了。李束為在黨組會上提出來，張承信是個詩人，我搞不清楚怎麼就到了創

聯部了，你們說一說。老馬、老西說哇。老西也不說。李束為說，用人所長，張承信還是回編輯部吧。第一次會議，老西沒有表示反對，但是不支持，這個事就放下來了。第二次會議，李束為又提出，老西還是不說話，李束為就說，沒人反對，那就這麼定下吧。然後就到編輯部開會，黨組已經這麼決定了。當時鄭篤徵求李國濤和周宗奇的意見，他們說，當時張承信走，也沒有徵求我們編輯部的意見，現在決定回來，我們也沒意見。這個事情以後，有一次開聊，老馬說，承信，你在山西是一個很敏感的話題。你回編輯部，上上下下都在關注、議論。老西不會做事，把這麼件好事，拱手讓給李束為了。你不能讓一個放羊的去犁地呀，結果把地也荒了，羊也跑了。李束為是搞政治的，抓住這件事做文章，又送了人情，又得了人心。我是西戎調進來的人，我和李束為也沒什麼交情。他從太原市回文聯工作後，我們到北戴河一起療養過一次，他主動問過我工作的問題。聽了後也沒說什麼，回來後也沒表態。後來主持工作後第一把火就是解決我的工作問題。」

張承信還說過馬烽對一件事情的處理：

「那時候我還在鐵路上，有一次在侯家巷開創作會，我也參加了會議。一天我們吃完飯出餐廳的時候，就在南院小樓二層的樓梯口，老馬往下走，跟著董耀章、王文緒、劉金笙幾個人就把老馬堵住了。我看得出，避諱我，我就走開了。開完會，那時候他們就在我那個院裏住，老馬在東房，老西在西房，那天，我是去老西那兒。一進院裏，老馬在東房北邊的那間屋有個辦公桌，牆上釘著個袋子，是裝信的。老馬正在窗戶上瞧，我就先進他家了。老馬說，我叫你看個東西。說完不管我，他忙他的。是封信：馬蜂同志，

把那個烽的火字旁寫成了蟲字旁。聽說張承信要調到你們那邊工作，真的嗎？我們相信馬蜂同志不會這麼沒有水平。山西文藝界幾個共產黨員。信上就是這麼寫的。幾個字，不會錯。我說是董耀章的字。老馬說不要瞎猜。我之所以讓你看，是因為我要讓你知道，在圍繞著把你往裏調的時候發生了些什麼事情。我之所以讓你看，是因為它是匿名信，幾個共產黨員，我看一個也不像。共產黨員坐不更名，走不改姓，不會寫匿名信。意思是如果有名字，我是不會讓你看的。老西跟我說了吃飯時發生的事情，說四個人堵住老馬，說有個事情向你反映反映。聽說張承信要調到你們那兒？老馬說，我沒聽說，你們怎麼知道？老馬原話是這麼說的：感謝你們對文聯工作的關心，我確實不知道，不過你們可以放心，我們那裏也有組織部門，調人也要慎重考查。這幾個人不放心，才又寫了這封匿名信。這件事我和馬晉乾好幾個人都說過，那時候我還沒調進來，想不到。他們的理由是，張承信在單位是壞頭頭。拉隊伍、立山頭。所以我對兩個老人很感謝，在反對力量很大的情況下，我和他們也沒有什麼特殊交情，就是一個普通作者而已。在這麼種情況下不改初衷，我是很感激的。要是說放一放吧，也很正常。」

王子碩也向我講述了當年有關馬烽與李束為之間關係的一件事：「那時候鄭義在晉中與地委宣傳部頭關係挺緊張，我去組稿時，鄭義和我談起，希望我能給他在作協疏通疏通，把他調回省裏。我就和李束為說了，李束為當時主持工作嘛。沒想到，反正沒幾天，馬烽見了我，臉色挺難看，對我說，調人的問題，你跟我們說麼，幹嘛去對老李說？大概是李束為在黨組會上提出了調鄭義的問題，我無意中算是捅了馬蜂窩。」

　　上世紀八十年代初，山西省文聯有一次重大的人事變動。一直在太原市任職的李束為要求回省文聯。於是，怎樣處理馬烽和李束為的平衡問題，又成為一件頭疼的事情。最後省委定的是：馬烽仍是書記，主要精力從事創作；李束為是副書記，主持工作。

　　胡正向我講述了其間的來龍去脈：「李束為是怎麼要求回來呢？他在太原市當文教部副部長，部長是工宣隊，那時候還在『文革』中麼。他也是錯誤地判斷了形勢，與那個工宣隊攪在了一起，結果形勢一變，工宣隊撤了，大家對他有些意見，他也待不住了。後來，張稼夫要寫傳記，誰來寫呢？李束為自告奮勇。李束為當過祕書，文字也不錯，寫當然沒問題。後來寫完，他不想回太原了，說我原來就是省裏的人，還想回省裏。可文聯已經都安排了，張稼夫就說那你到省政府當個副祕書長吧。那時候是羅貴波的省長，羅貴波和張稼夫很熟悉，都在晉綏，羅也不好推，只是說這麼大年齡還怎麼幹副祕書長？意思是當副祕書長苦重，找個輕閒的地方吧。這樣吧，讓他自己說，他想去哪，我給他分配就是了。李束為就要求回文聯。羅貴波就同意他回文聯了。這時候文聯不是已經是馬烽負責的嗎？負責還是馬烽負責，可是李束為主持工作。怎麼弄成這樣呢？當時有個郝汀和高蘆告狀，名字用的是高蘆的名字，就是馬烽和江青的關係。告到中央，中央很重視，當然調查。其實早說得很清楚，十一大的時候，馬烽就是黨代表，可正好在節骨眼上，因為這個還影響到馬烽的十二大黨代表，弄得挺大。這就出現這麼個怪現象：馬烽還是書記，而李束為是副書記，卻主持工作。」

　　關於上世紀八十年代初的這次人事變動，《山西文學》的副主編畢星星敏感到了其中微妙之處。他在〈怒火——憶馬烽〉一文中做了這樣的記載：

開會了，果然是大事。省委發文，任命李束為為山西省文聯黨組副書記，主持工作。我這才知道，幾個老頭子「文革」中間都遭了罪，撥亂反正以後，馬烽早一些出來工作，任命為文聯黨組書記，主持工作。束為落實政策以後，安排在太原市文教部門。今天，他等於又殺回文聯當領導來了。聽人說，「文革」以前李束為就是書記，官在馬烽、西戎他們之上。只是他沒有馬烽他們名氣大，我們看小說的，對他不怎麼熟悉。

馬烽宣讀省委文件。我看著老頭今天情緒不對，那神情彆彆扭扭的。他好像強忍著沒有發作，那聲調聽著卻是帶股子火兒。果然文件傳達完，引申到機關工作，老頭說著說著來了氣，強著脖子發開了牢騷：「媽的，老子也不幹個球了！」……李束為文革前是一把手，現在落實政策，組織部門依照常規都是官復原職。大約一步到位有困難吧，先安排了個副書記。這樣一來，文聯的班子就尷尬了。馬烽是書記，但不主持工作。這無疑是把老馬擺在一個非常受折磨的位置上。也不知道組織部門的官員，想沒想過這是出洋相。連我這麼個青皮生瓜都知道這是製造矛盾……。

# 本是同根生，誰使相煎急

李束為對我一直很好，每有新著出版，總會工整地寫上「為人同志指正」，簽名贈書。1985年，省文聯、省作協分家，那時候我的關係還在工人文化宮，李束為也誠懇地邀請我去文聯工作。但我與李束為的關係卻一直處於若即若離。倒不是顧忌馬李之間的關係，而是另有原因。

當年李束為在太原市任文教部領導時，有一次去太鋼參加工人創作會。在會上，他見到了唐達成。唐達成正在「發揮一技之長」，編輯一本內部刊物《太鋼文藝》。李束為一句話：「唐達成這樣的人你們也敢用？」於是，唐達成又被趕回廠裏的行政科，賣起他那沒有盡頭的土豆粉條。

無疑，李束為的一句話，讓唐達成的命運雪上加霜。

我也無數次地極力從心裏去理解李束為：在很長一段時期裏，人們形成一種思維模式：犯了左的錯誤，只是一個思想認識問題；而犯了右的錯誤，則成為一個立場問題。李束為深受極左路線之害，他也是驚弓之鳥，他也有職位上的無奈。可這件事給我形成了某種心理障礙。一看到李束為，不知為什麼就會聯想到「為虎作倀」這一成語。還聯想到曹植「本是同根生，相煎何太急」的詩句。

關於馬烽與李束為之間的關係，李束為曾對我說過這樣的話：「我們之間有些磕磕碰碰，我都能接受，那都是受了上面極左路線的害。我不能原諒的是，『文革』已經結束，『四人幫』也已經打倒，他們還要在我的歷史問題上大做文章。」

楊占平很早就開始了對「山藥蛋派」的研究，寫有他們幾人的專著。楊占平說，李束為也和他說過類似的話。

可見李束為對這件事情是沒齒難忘、刻骨銘心了。

馬烽講述過關於參加「中辦學習班」、「忻定學習班」的情形：

「1968年秋天，我們都去了北京『中辦學習班』。這下總算不再挨打、不再批鬥了。但住了不久，到10月份，我們又被打發到石家莊，機關裏的大多數人都去了，一直住到1970年夏收後。趙樹理同志因為病得太重，沒有參加『中辦學習班』。在『中辦學習班』主要是繼續整頓。不過我們不再是重點了，重點是那些有歷史問題的人。我歷史清白。但西戎、李束為、王玉堂、程曼、閻天海等人，都多少有些歷史問題，就不好過關了。」

「1970年底，『中辦學習班』結束。人員有三種去處：一種是造反派，回太原；一種是機關的大多數群眾，下鄉插隊；一種是我們這些人，繼續留下來接受審查。我們繼續接受審查的這些人，也不在石家莊了，遷回『山西忻定農場學習班』。在這裏有了結論，你才可以回去插隊。我和孫謙已經查明沒有什麼歷史問題了，為什麼還要讓我們也去『忻定農場學習班』呢？這是因為有個與『丁、陳反黨集團』的關係問題，人家還要查一查。我在這個學習班住了將近九個月。1971年4月，終於把這頂黑帽摘掉了。審查結論是由大隊部派人來當面宣佈的。我的結論只有兩句話：歷史清白，無政治問題。我知道這兩句話來得並不容易。這是這些解放軍幹部和正直的人們做了大量內查外調工作得出來的。就是這兩句話才使我獲得了解放。這樣，我們兩人就算解放了，叫我們上農場所在地伏虎村幹農活、餵豬什麼的，比較自由一些。而他們還得在農場裏勞動改造。」

　　「李束為的歷史問題是老問題了，就是『魯藝』有人咬他是『特務』那回事，從1943年搞到現在也沒有搞清楚。西戎也是『特務』問題，也是當年延安『部藝』的一位同學揭發了他。為什麼以前沒整他呢？這中間有個緣故，那人的揭發材料一直沒能轉過來，所以在晉綏時就沒有整他；現在這份材料轉過來了，他也就在劫難逃。不過，當時的辦案人員還是不錯的，實事求是，認真調查研究。過了一段時間，除李束為和王玉堂外，其他人的歷史問題都搞清楚了。」

　　「1971年4月間，我們這些被解放的人都回到了太原。李束為和王玉堂也回到太原了，但不能回家，又進了省法院專門解決歷史遺留問題的學習班。」

　　「學習班」是毛澤東對馬克思列寧主義的一大創造性貢獻。毛澤東說：「辦學習班是個好辦法，許多問題可以在學習班得到解決。」從那個時代的過來人都心照不宣，學習班有著太為豐富的時代內涵，而且還有著難以限定的「階級鬥爭」的外延。你可以找到諸如「軟禁」、「牛棚」、「土牢」、「私設公堂」等等代名詞。也許有一點是令毛澤東始料不及的，不僅許多問題可以在學習班解決，許多問題還可以在學習班產生。

　　胡正也向我介紹了這段史實：

　　「『中央學習班』完了以後，歷史上有些問題不清楚的，回來又辦了個『忻定學習班』。忻州忻定農場。北京的學習班是解決『文革』中的派性，這兒是審查歷史。這事說起來也有點滑稽，馬烽和西戎、孫謙，還包括李束為他們，都到了『忻定學習班』。邢野也去了，『文化大革命』中的造反派。就是我沒有去。為什麼呢？滑稽了，當時在延安審幹，搶救運動，1943年。延安搶救，晉

西北也搶救。我們當時在晉西北。當時七一劇社編了個隊，七一
劇社三隊。凡是有點懷疑，不管什麼問題都要審查。一個突破了說
是我是特務，順藤摸瓜，你是特務、你發展了誰，好，一扯扯出一
大串，完全是胡扯。結果他們幾個都受到波及了。受到波及後，不
是個人都要寫材料，進檔案。結果平反的時候沒有清理出來。誰是
特務還在檔案裏。『文革』後期，北京不是審幹麼，把每個人的檔
案一看，哎喲，還有這個東西。北京不解決這個問題，北京只解決
『文革』中的派性問題，回本省解決，『忻定學習班』就是解決這
個問題。李束為也是這個事。當時有人找我調查，問你為什麼就沒
這個事呢？我說，亞馬救了我。亞馬當時是劇團指導員。一個一個
審查，亞馬說了一句話，胡正十三、四歲就參加了劇團，家裏面也
單純，一個小孩子能有什麼問題呢？就沒有弄我。還有一個是我回
去得遲，當時我們不下到下面區當宣傳文化部長去了，李束為在河
曲，西戎、孫謙在保德，馬烽在興縣。我到靜樂縣。靜樂縣回去的
路途遙遠，當中還要過一條敵人的封鎖線，所以通知我回去的時
候，通知一個多月才下去，我回去時搶救運動已經快完了。我又沒
有複雜的經歷，李束為在山東參加過閻錫山的舊軍，馬烽的父親做
過小官吏，都有點小疑點。再一個是他們回去得早。運動一開始，
勢頭挺猛，弄得人人都是特務。」

　　上世紀四十年代初，延安確實發生過嚴重的特務案。國民黨頭
號特務頭子戴笠，親自在靠近延安的漢中辦了一個特務訓練班，將
其中畢業的四十六名青年特務全部派進了陝甘寧邊區。此案一破，
上下震驚。毛澤東親自過問，並頓生審幹之念。通過康生之口，表
達了這麼層意思：這一案四十多人都是青年，因此，我們審幹的重
點對象也應該是青年。首先是外來的青年。他們滲透到了邊區各個

部門、各種崗位，可見他們的活動是深而廣的，面既然如此之廣，審幹、肅反也要深入廣泛一些。這就是延安「審幹和搶救運動」發生的背景。用冷靜客觀的歷史眼光來看，處在延安這樣一個四面被白區包圍，蔣介石的「攘外必先安內」的即定方針，時刻都抓住一切時機，欲圖一舉顛覆紅色政權。「治亂世用重典」，這是一切高明政治家的必然選擇。城門失火，殃及池魚。傾巢之下，豈有完卵？這是小人物在大歷史中的茫然與無奈，也是小人物註定要為歷史進步付出的犧牲。一將成名萬骨枯。

　　胡正又說：「搶救運動主要是康生負責，他是社會部長，他做了個報告，《搶救失足者》，動員有問題的交代。從他這個報告開始，就搶救。你只要坦白了就沒事了，誰派你來的？誰叫你來的？你是什麼組織？就這麼逼。開會，輪番鬥爭，弄得火藥味挺濃，空氣緊張。有的人受不了，算毬了，你說什就是什哇。結果他一承認就壞了。承認了？好好好，一開始還對他不錯，坦白得好，吃一碗掛麵，優待一下。第二天好，你是特務，你來了以後，發展了誰是特務？沒有？不可能吧？你既然是特務，來了不活動？白來了？上了這條路，騎虎難下，再想退，退不下來了。他就胡說呀，他胡說是這麼兩種情況，一種是胡說積極份子，你搶救運動積極鬥爭我，我賊咬一口，入骨三分。我發展他。於是鬥爭吧，有了新發現、新對象。吃不住，你又發展了誰？就又有了新突破。這樣順藤扯葫蘆，一扯一長串。好傢伙，一個劇團裏面，絕大部分都是。我回去不是遲？我回去的時候都是了。原來見了面，大家哈哈哈熱情得很，這次一回去，嘁，誰也不和誰說話了。」

　　李英也向我說到李束為的這件事：「李束為回來得比較晚，他的問題還沒落實。他在按司街中級法院（筆者注：此處應是省高級

法院）那兒住，不是監獄，但不能自由。直到文聯恢復以後，他問
題審查完才回來。」

李束為說的正是這件事。他和不少人或明說或暗示：進「省法
院專門解決歷史遺留問題的學習班」是馬烽他們在其中做了手腳。
此事楊占平在與李束為交談中，李也曾經提起過。

我曾向李束為解釋，為馬烽開脫：「當年，馬烽自己還是泥菩
薩過河，自身難保，他哪還有能力去左右別人。」

李束為說：「中國有句老話：成事不足，敗事有餘。」

我說：「馬烽一生與人為善，他可能違心屈心地自己隨波逐
流，也絕不會在別人的問題上興風作浪，甚至落井下石。」

李束為說：「要恢復文聯了，我的問題就審查起來，沒完沒
了，等到椅子都排定了、坐滿了，我的問題也審查清楚了，這也太
有些寫小說『無巧不成書』了吧？都是運動中的過來人，這點手腕
還看不透？」

胡正說：「束為當時是到了太原市了。他們幾個『中辦學習
班』回來之後，李束為的情況最好，他到了太原市文教委員會，馬
烽、孫謙他們都下去插隊了。」

胡正還說：「束為後來是因為太原市的派性。他也是錯誤地判
斷了形勢，當時文教部長不是軍代表嗎，他跟得太緊、走得太近。
在太原市惹下一大批人。」

孫謙還說到這樣一個細節：「我、馬烽、西戎的『沒問題』結
論都批下來了，只有李束為還得在學習班待著。臨別前，我約李束
為談話。我問，你到底有什麼問題？李束為沒好氣地回我一句，你
說我有什麼問題？一句反問，噎得我出不上氣來。」

莊子曰：「大知閒閒，小知間間；大言炎炎，小言詹詹。」大智慧是保持沉默不語，小聰明是誇誇其談；家長里短的小是非還能說清楚，濟世定國的大道理就不是靠人的一張嘴巴能說清楚的了。

李束為的「歷史問題」源起於上世紀四十年代初的延安「審幹和搶救運動」。李束為對這段刻骨銘心的記憶在〈平地風波〉中有文字記錄：

> 我想，我們一年沒回機關了，這次回來，領導同志即使不那麼熱烈地歡迎我們，也總會是親熱的問候吧。人常說，一日不見如隔三秋，那麼，一年不見呢……然而，事出所料，我們剛剛進門，一位領導同志拉下臉來，冷冰冰地通知我們：鋪蓋帶走，書包留下，要檢查！
>
> 迎面潑來一瓢涼水，事情不妙。當我們走到宿舍的時候，那場面更叫人吃驚。人們個個垂頭喪氣，不言不語，問一句「哼」一聲，再問他們發生了什麼事，那就翻翻眼皮，連哼也不哼了。只是在吃飯時，悄悄談話中，我才如夢方醒，原來不是整風，而是搞搶救運動，抓特務。那條大標語中的「坦白同志」不是什麼日本人，而是鼓勵幹部們交代特務身分的標兵。我還聽說，搶救運動已經收到很大成績，有的人交代是日本特務，有的人交代是國民黨CC或復興社的特務，有的交代是閻錫山的特務，還有二重身分、三重身分的。只要領導把誰定為搶救對象，交代了的吃雞蛋掛麵，不交代就「逼供信」，用車輪戰熬鷹，給吃飯，不准睡覺。

還有搞「求供信」的，「好同志咧，坦白了吧，交代了吧，要不然我給你磕個頭吧。雞蛋掛麵我給你做好啦。」一直要把人逼得交代了是什麼什麼特務，就是明明胡編也能交帳。在那些人中有我的一些熟人，聽到他們的交代，百思不得其解。看來我們也跑不掉，這可怎麼辦呀？

……

我被編進一個小組以後，領到一本麻紙、豎排、三十二開的文件《搶救失足者》，作者是康生。我看一遍，再看一遍，薄薄的小本子卻很有分量。不論是怎樣認真地讀，仍然不了解這和我有什麼關係。是叫我當搶救積極份子嗎？不像；是把我定為搶救對象嗎？也不像。想來想去，總是拿不準，拿不準怎麼辦呢，那就只好裝糊塗。我左顧右盼，察顏觀色，從其他人的面孔上看出個五六七八成，大伙都在裝糊塗。

「有些人裝糊塗！」在每天的早操以後，領導者講話時，總是這樣說：「是不是特務你自己明白，組織上也了解，裝糊塗不行，坦白交代才有出路。」接著，那位領導同志介紹坦白運動的成績，一天比一天多：已經達到百分之十了，百分之十五了，百分之二十了，比例數位直線上升，可是那些領導者們的頭腦還在發熱，不清醒，不停點地動員同志們交代，坦白交代了的吃雞蛋掛麵，以資鼓勵；抗拒的吃小米乾飯、蘿蔔菜湯，以示警告。我們當然知道這兩種飯哪一種可口，可又不得不考慮吃雞蛋掛麵的後果。好吃難消化啊！一天、二天過去了，三天、四天過去了，這個新建的小組頑固到底，竟無一人交代特務身分，這使領導大失所望。

局面僵持著。

每天的上午和下午，我們小組的全體人員背靠牆坐在炕上，兩手抱著膝蓋，聽組長朗讀康生的大作《搶救失足者》，一遍又一遍，每讀完一遍，組長啟發大家，問道：「想通了沒有？想通了就坦白交代。坦白從寬，抗拒從嚴。明白嗎？」大家低著頭，沒有人說話。組長是個裝糊塗的明白人，明白人裝糊塗是很不容易的啊。儘管每天晚上彙報時挨批評，他對我們只啟發，不逼供。他用朗讀文件的辦法消磨時間。但領導不鬆口，而且形勢逼人。小組的形勢可以說是外鬆內緊，壓力大得很哪……。

……

到了1943年舊曆年底，搶救運動突然鬆了勁，大概是特務太多了，害怕了，不敢再號召「坦白」。過了好久，我們才知道，是偉大領袖毛主席發了指示，制止了「逼供信」，停止了搶救運動……。

　　李束為身臨其境的身分使他逼真地描述了當年「審幹」和「搶救運動」給人心靈的震撼。但他始終迴避或說忌諱了他本人當作「搶救對象」的這一歷史事實。僅此一斑，即可看出這場運動是何等強烈地「觸及了人的靈魂」，或者換言之：何等深地傷害了人的心靈。

　　關於李束為的這段歷史，馬烽做了這樣的講述：

　　「賈家溝村子不算大，可住了好幾個文藝團體，除文聯外還有七月劇社、大眾劇社、『魯藝』晉西北分院，都在進行『坦白運動』。我回去的時候，疾風暴雨式的高潮已經過去了，轉入了小組重點突破。我在的這個小組裏，重點突破對象竟然是李束為，

這使我大為吃驚。李束為的出身、經歷我清楚。他是山東東平縣人，高小畢業以後，由親友推薦到濟南一個小鋪裏當學徒。不久，小鋪賠塌了，他在回家的路上衣物、行李被騙子騙走了，在走投無路的情況下，正好遇到晉軍在山東招兵，那時候閻錫山認為山東人打仗勇敢，又能吃苦，因而常去那裏招兵。於是李束為就吃糧當兵來到了山西。當時正是紅軍東征時期，閻錫山怕紅軍進攻太原，於是在城周圍修築工事。他和其他新兵一樣，整天被逼著在太原城外挖戰壕。抗日戰爭爆發後，他毅然脫離舊軍，參加了新成立的學生游擊隊，後來又編入了新軍政衛隊。我和他在一起相處五年多了，我弄不清他會有什麼問題。在小組會上，從積極份子的追問中，我才知道不是要他交代歷史，而是要他「坦白」在延安參加過什麼反動組織。而他矢口否認。他也知道自己成了重點，每天吃完早飯，早早就坐在炕角的行李上，把棉帽子護耳放下來，嘴裏叼著支自製的小煙袋，抽著煙，等待開會勸他『坦白』。可是不管人們怎樣勸說，他只有一句話：『我沒啥可坦白的！』說完繼續抽煙。再有人勸說，他一概不予回答。於是小組會就批他的『頑固』態度，接著是學習黨的政策：『坦白從寬，抗拒從嚴』、『懲前毖後，治病救人』、『一個不殺，大部不抓』等等。當有人追問他在延安參加什麼反動組織時，他也只有一句話：『拿材料吧，拿出來槍斃！』說完，除了抽煙，連嘴都不張了。」

「當時，我對李束為的問題十分困惑。他是在抗日前線入黨的，是有覺悟的黨員，並且還擔任過支部書記，他怎麼會參加反動組織呢？說他沒問題吧，可領導上為什麼偏偏把他當作重點呢？小組裏連著幾天都是開他的會，他翻來覆去就是那麼兩句話。開會開得大家都有點煩了。後來『坦白運動』告一段落，他的問題也就不

了了之了。誰知在『文化大革命』時，造反派從公安局的檔案中發現了個材料，就又作為審查他的重要問題之一。當時我們都被打倒了，一同受批判、一同挨鬥爭，後來又一同住了學習班。1971年春天，我和西戎、孫謙都獲得了解放，分派到農村去插隊，而李束為則留在學習班繼續接受審查。他的那個問題，直到打倒『四人幫』再見到束為時，才知道他的問題是這麼回事：延安『坦白運動』是康生直接領導的，推行的是『逼供信』一套『左』的辦法，不少人被打成了國民黨特務。李束為『魯藝』戲劇系的一個同學被逼『坦白』了，並供出李束為是他發展的『國特』。全國解放後這個同學改了名字，不知分配到了哪裏。學習班的軍宣隊費了很多精力，終於找到了這個人，原來他在『坦白』後的第二年就平反了。這樣李束為的問題才算畫了句號。我也才弄清了『坦白運動』時把他作為重點的原因。」

這頂「特務」的帽子，一直戴到「文革」後期的「清查三種人」時，竟使李束為又身陷囹圄之中。這件事使李束為認定是馬烽等人的「報復」行動。

也許李束為還有一個依據：在「搶救運動」的後期，馬烽曾參與了李束為的「甄別」工作。馬烽講過：「1945年夏天又接受了一項新任務，這就是參加『甄別』工作。所謂『甄別』，主要是給這些同志做出實事求是的組織結論。編輯部被『搶救』過的有三個人，一個是李束為，另外兩個是邵挺軍和吉哲。支部把他們的檔案從組織部借來，幾個支委集中在宣傳部辦公室，認真閱讀了一遍。發現李束為雖然被『搶救』過，可他的檔案裏既沒有他的坦白交代，也沒有提出任何懷疑材料，沒有任何需要『甄別』的問題，當然也就用不著做什麼組織結論了。」

李束為誤解了馬烽。

馬烽還講述過當年他們在劇社演戲時發生的一個細節，後來也莫名其妙地成為他們之間誤會的導火索。

馬烽說：「有次在政治部大院裏演《游擊隊長》。劇中有這樣一個情節：游擊隊長化裝成『花姑娘』，把日本鬼子引誘到一個空房裏，懷中掏出一把匕首，一下子就把日本鬼子捅死了。那天扮演游擊隊長的束學理，就是李束為，握刀的手偏了一點，用力又過猛，一刀就扎在了扮演日本鬼子的老唐的鬢角上。老唐疼得大聲叫喊，滿臺蹦跳，滿臉是血。束學理嚇傻了，愣在那裏，不知如何是好。幸好拉幕的機靈，立時閉了幕。人們慌忙叫來軍醫，給包紮起來。多虧眼睛沒有受傷，還算不幸中的萬幸。這是我們的劇社演出中發生的最大一次紕漏。為此事，束學理還寫了一份檢討。發表在《政衛報》上。他本來是劇社的主要演員，從此以後就再不上台演戲了，連群眾演員也不扮了，寧肯幹後臺工作。當年這個戲，孫謙是導演。孫謙說：「因為這次『舞臺事故』，政衛旅宣傳科要嚴肅處理李束為，唐靖山卻說，這算什麼『事故』，束學理和我無冤無仇，都是同志，他怎能存心殺我？也許是動了真情，忘了是在演戲。沒事兒，我明天照登臺不誤。」

這個細節只有馬烽和孫謙知道，「文革」中，造反派批鬥李束為，把「舞臺事故」升格為「政治事件」，而且把李束為「上綱上線」為搞「階級報復」。李束為心中自然又給馬烽記了一筆帳。如果不是馬烽迫於壓力交代或爭取立功揭發以外，造反派又怎麼可能掌握只有天知地知、你知我知，如此「絕密」的情報呢？

　　事情總有水落石出的一天，後來才知道：原來，「文革」中時興「外調」，好些「革命群眾」組織要審查馬烽、孫謙的入黨情況，便在西安第四醫院找到了唐靖山。唐靖山既有「慈悲心腸」，又有「老婦式」的愛叨叨毛病。正事談完，他便叨叨起了如何組織前鋒劇社、如何演出《游擊隊長》。真是「言者無意，聽者有心」，就這樣把只有三人知的「絕密細節」，透露於大庭廣眾。

　　直至世紀之交的上世紀九十年代末，甚至連當事人李束為已然作古，馬烽、李束為陰陽相隔，成為「生前友好」，而此類「疑人偷斧」式的寓言故事仍不斷地上演著新的版本。

　　山西省作協黨組副書記、副主席楊占平（筆名楊品），致力於「山藥蛋派」諸作家的研究，曾寫專著《顛沛人生——趙樹理傳》，以及「西李馬胡孫」的各類專篇。他在〈從戰士到作家——李束為的生平與創作〉中，寫到李束為從老家山東到山西的經過，其中有這樣一段文字：

> 1935年閻錫山軍隊到山東招兵時，李束為到山西當的兵。後來抗日戰爭爆發，李束為離開閻錫山的舊軍，加入了新成立的少年抗日先鋒隊。

　　這篇文章發於《新文學史料》1996年第3期。楊品對我說，寫李束為的生平，早年經歷中的這麼一筆，在數萬言的文章中猶如「滄海一粟」，正常說，也無足輕重、無關緊要。我寫這篇文章時，李束為先生已經作古，我是根據馬烽先生所寫的〈悼念李束

為〉一文中提到的情況摘錄的。誰會想到,不經意間竟然是觸動了
一根敏感的神經。

《新文學史料》1997年第4期,刊登了劉金笙先生的〈關於李
束為經歷中幾件史實的訂正〉一文。劉金笙先生的〈訂正〉認為:

> 李束為沒有參加過閻錫山的舊軍,而是1936年隨同山東民工
> 到山西,抗戰爆發後參加了新成立的少年抗日先鋒隊。

劉金笙先生與李束為先生多年一起共事,文化革命前,他在
《火花》編輯部任編輯,李束為先生是他的上司。「文革」後期,
劉金笙又在《太原日報》主持副刊工作,當時任文教部副部長的李
束為仍是他的領導。李束為已經無法開口,劉金笙先生挺身而出,
認為有必要為老領導「訂正」、「辯誣」。

劉金笙先生的文章發表後近兩年,《新文學史料》1999年第
3期上又發表了一文:〈馬烽談關於李束為的幾件史實〉,其實是
對劉金笙先生「訂正」的「訂正」。在此文的結尾處,楊品特意注
明:「以上是我根據馬烽先生答覆的記錄稿整理,並經他本人審閱
過。」

楊品對我說:「馬烽讀了劉金笙的文章,老漢很惱火,說怎麼
實事求是一句話,也會讓人從壞的方面去理解呢?所謂記錄稿,其
實是馬烽自己一字一句親自寫的。」

為了不失原貌,我將馬烽對「訂正」的「訂正」全文摘錄於下。

> 楊品寫的〈從戰士到作家──李束為的生平與創作〉一文,
> 我早已讀過了。對解放區培養起來的作家李束為,給予充分

評價是必要的，對這篇文章我無異議；劉金笙所寫的〈關於李束為經歷中幾件史實的訂正〉一文我也看了。我認為金笙同志的用意是好的，我誠恐給李束為這樣一位作家的歷史塗上污點；但從〈訂正〉這篇文章本身說，則可以看出金笙同志對三十年代的一些具體情況並不了解，而更多地是用現在的觀點進行推理。譬如，〈訂正〉中說，山東是韓複渠的勢力範圍，能允許閻錫山去招兵嗎？就是一例。據我所知，那時候無論是閻錫山還是其他軍閥，擴充兵力都不是按戶口實行徵兵制，而是採用募兵制，就是你給我當兵，我給你發餉，也就是現在國際上流行的一種說法叫「雇傭軍」。我從文史資料上看到，閻錫山有個怪毛病：他手下的高級軍官大都是山西人，而且多數是他的北路老鄉。而下級軍官和士兵，他則喜歡要冀、魯、豫人，他認為外省人打仗勇敢。因而，經常派人到外省招兵。招兵的軍旗上寫的都是部隊的番號，如某軍某師某旅某團等字樣。而這些番號都是在國民政府軍事機關備了案的，別人無權阻攔。正像那時候，山西雖然是閻錫山的一統天下，但駐陝北榆林的西北軍就公開打著旗號，在山西汾陽、孝義一帶招過兵。這是我十來歲時親眼見過的，從未聽說過閻錫山的區政府、縣政府干涉過。

另外，〈訂正〉中還提到這樣一個問題：李束為既然在舊軍裏幹過，「晉西事變」時候怎麼可能把他調到警衛連擔任保衛首長的光榮任務呢？看來金笙同志對李束為本人的情況就沒有弄清楚。李束為是1939年「9.18」那天祕密加入中國共產黨的。「晉西事變」發生在同年12月。在那種緊急情況下，調祕密黨員去保衛首長，這是順理成章的事。我知道，

金笙同志這樣提問題的目的，是要證明李束為沒有在舊軍中幹過。但個人經歷不是靠推理能證明的，而是要憑事實。

我寫的〈悼念李束為〉一文中，曾寫到李束為是在走投無路的情況下，遇到了山西去山東招兵的人，就應招來到了山西。我是根據李束為親口講述的情況寫的。從1938年秋天，我們就在政衛隊「前鋒劇社」一起生活工作，平素交談中各自都講過自己的出身經歷。李束為由山東來山西的經歷，不只向我一個人講過，向孫謙和別的同志也是這樣講的。我相信他講的事實。為了慎重起見，我曾經向我們劇社的指導員趙哲民寫信詢問過。因為趙哲民與李束為接觸最早。1937年秋天，少年抗日先鋒隊在太原成立時，他們就在一起了。太原失陷後，他們一起轉移到臨汾，編入了學生游擊隊。同年7月，學生游擊隊併入政衛隊，他倆以及另外幾位文化比較高的同志被調到「前鋒劇社」。在劇社，趙哲民擔任了政治指導員，也是劇社地下黨的負責人。「晉西事變」時，他奉上級黨組織的指示，從劇社抽調了十八個同志（其中絕大多數是祕密黨員），由他率領編入了警衛連，他被任命為警衛連指導員，孫謙被任命為警衛排排長（另外兩個排是騎兵偵察排和通訊排）。李束為被任命為一班長，我任三班副班長。部隊打到晉西北後，以我們警衛排為基礎，又新成立了一個「黃河劇社」，後來與「呂梁劇社」合併，趙哲民仍然是我們的指導員。直到1940年冬天，整個劇社到延安學習，絕大部分人入了「魯藝」和「部藝」，他則去了延安馬列學校，從那時才分開。我所以寫信給他尋問李束為的經歷，就是因為他是我們的老領導，對我們的情況都很熟悉。他在覆信中

告訴我說，少年先鋒隊成立時，除犧盟會派了他們一些政工幹部外，還從閻錫山舊軍中調了一些下級軍官、軍士充當軍事幹部。和他在一個連的「有兩個人是從閻軍獨立二旅調來的。一個是中尉李仁域，另一個是軍士束學理」。束學理就是李束為。李束為是他在讀「魯藝」戲劇系時才改的名。

趙哲民同志的這封簡單的覆信，正好和李束為的自述相吻合。我認為，李束為同志在舊社會走投無路的情況下，在閻錫山的舊軍中當了兩年兵，不是什麼問題，也不是什麼污點。這並不影響他的政治形象，也不影響他人民作家的聲譽。如果我們文章中確實寫錯了，當然應該訂正。現在看來並沒有錯，也就沒有什麼可「訂正」的了。

　　文章寫得事無巨細，以至近乎繁瑣，這對於行文一向乾淨俐落的大作家馬烽而言，本身就反映了一種心態心理。

　　它不由使人想到中華文化中那個「此地無銀三百兩」、「隔壁王二沒有偷」的寓言。人的神經一旦成為「繃緊的階級鬥爭的弦」，竟然能敏感反彈到這等程度！

　　胡正在馬烽、李束為二人都已作古後，還痛心疾首地對我說：「黨內的一次次路線鬥爭，殘酷鬥爭、無情打擊，把本來挺好的人與人之間的關係都給搞壞了。五個人以前都不錯，就是從1964年文藝整風開始，把人的關係弄壞了。以後一次次運動，更加劇了這種緊張。」

　　「春花秋月何時了，往事知多少！」人與人之間的猜忌和誤解，什麼時候才能「化干戈為玉帛」？

「五戰友」中，李束為最早辭世，時間是1994年。

孫謙寫下〈齊魯硬漢晉地魂——追憶戰友李束為〉的悼文，文中有這樣的字句：「……我們相處多年，在工作中，難免會產生一些矛盾和磨擦，但革命的友誼之樹是常青的。在我的心目中，他始終是山西文聯的『掌舵人』。正因為他時刻都注視著『行船』方向，便不可能全身心地投入文學創作……。」這是由衷之言。

李束為的辭世，對馬烽震憾極大，他寫成一篇〈悼束為〉，送戰友上路遠行。名字雖然起得「平淡」，但全文中那深切而濃厚的思念之情，分明讓人感到這是一種不尚雕飾的真情。李束為走後，馬烽把一遍遍閱讀老戰友的作品，作為對老戰友的懷念。每讀一篇，都會引起他久久的回憶，思念之情油然而生。馬烽將李束為作品的一些題目加以組合，編成多副聯語以寄託哀思。這真是一個大作家大手筆的獨特懷念形式：

《租佃之間》《談判》《老婆嘴退租》
《玉成老漢》《賣雞》《第一次收穫》

《拐先生李步高》《老長工》
《放羊娃李三孩》《缺糧戶》

《好人田木瓜》《撈河炭》
《這伙年輕人》《初生兒》

《於得水的飯碗》《大事業》
《高山下的園丁》《第一仗》

《無聲的戰鬥》《難忘的印象》
《春天的落葉》《過時的愛情》

《權力下放》《多年的願望》
《臨時任務》《遲收的莊禾》

《趙力克其人》《十年之後》
《呂兆九小傳》《平地風波》

《崞縣新八景》《革命家訓》
《雪打盛世燈》《南柳春光》

《黃崖洞掠影》《沃土上的野花》
《黑峪口一瞥》《月光下的狂歡》

《呂梁小夜曲》《清風習習》《露水閃》
《橋兒溝風情》《雨過天晴》《春秋圖》

「恩怨忘卻，且將真情從頭說。」僅從馬烽如此「用心」的這一點，我就相信了馬烽的一腔真情誠意。對他們「五戰友」之間的種種恩怨和誤解，心中湧起痛徹心肺的感傷。

雨果在《悲慘世界》中哀嘆冉・阿讓時，說過一句話：「善與惡一樣，都是一個不可測的深淵。」就如大惡能蒙蔽人一樣，大善若偽，也往往會讓人誤解、不相信。從人與人之間的深深誤解中，我們看到的是「人文環境」遭到了何等嚴重的污染、破壞。

我在國外的生活中，聽到這樣一個說法：中國的狗見人彎腰，嚇得就跑，知道你是要拾石頭打牠；而美國的狗卻跑上前來，它知道是你要給牠東西吃。嗚呼哀哉，現實的生存環境，不僅影響到人的觀念，也影響到狗的潛意識。

在我們賴以生存的人世間，為什麼相識容易相知難。我們幾千年的古訓，為什麼要遺傳給我們那麼多的「精神財富」：「畫虎畫皮難畫骨，知人知面不知心。」；「逢人且說三分話，未可全拋一片心。」；「害人之心不可有，防人之心不可無。」……原本，可能是極單純、極簡單的一個人，透過厚重的文化積澱去看他時，清澈變為渾濁。單線條出來無數折光反射。

「他人即地獄」的名言，打破了疆域、超越了種族，說出了人性中的「雷同」。在一種「防範」心理中，演繹了多少巴爾扎克式的《人間喜劇》。

生命經驗中展示的言不由衷、口是心非太多了，人不由得多操起了戒心。坦誠日漸變成虛偽。良善也日漸為懷疑所替代。真誠是具有生命的，它也需要適應它生存的環境。當虛偽成為一種手段並獲得市場收益時，真誠反而被人看成一種偽善。

馬烽給我講到過他早期的小說《賈善人》。馬烽說：「生活中的原形確有這樣一個積德行善的地主，但是就這樣自然主義地把生活中的真實搬到作品裏，明顯不符合黨的階級鬥爭觀點，反映不出地主階級的本質。所以我就把題材改造成後來作品中的這個樣子。我想像出地主行善背後虛假本質的一面。」

馬烽的這番「創作談」，真是頗為具有了歷史的嘲諷意味。

是誰的「如椽巨筆」，把生活中的真誠、真實，「拔高」、「昇華」為如此不可思議的「思想境界」？

# 待從頭，收拾舊山河，朝天闕

我在《唐達成文壇風雨五十年》一書中，對唐達成、馬烽兩人
1978年的那次戲劇性會面有這樣一段描繪：

> 客觀地說，唐達成、馬烽二人，都是淡漠為官而認真做事的
> 人。而且，主觀上都不願意攪和進文壇的矛盾漩渦中去。然
> 而，歷史老人卻有喜歡惡作劇的小孩脾性。令唐達成、馬烽
> 想不到的是，若干年以後，偏偏是他倆，陰錯陽差地被激烈
> 衝撞的兩大板塊，選中為各自利益的代言人，竟然因為中國
> 作家協會黨組書記，此文壇「第一把交椅」的位置，或有心
> 或無意，或正面或迂迴，或主動或被動，或淡然或激烈，或
> 身不由己、隨波逐流，或戴著面具、作為木偶，於1984年、
> 1987年、1989年，三起三落、三進三出、上演了「三上桃
> 峰」、「三進山城」、「三打祝家莊」的連本大戲。直至最
> 後，馬烽接替唐達成擔任中國作協黨組書記，親手處理唐達
> 成的問題，把這場戲劇性推向高潮。到那時，再來回顧這次
> 談話，大概難免不發出「山圍故國周遭在，潮打空城寂寞
> 回」的歷史感嘆。歷史也許是座空城。現實之波涵蓋一切。

文中提到兩大板塊。

唐山大地震後，人們開始關心地震學。研究地球的科學家，
始終未能解釋地球是如何變成現在這個樣子的。對那些造成驚心動

魄的地震、海嘯、泥石流、火山噴發等等景象的原因，始終未能像達爾文的進化論之對生物學，愛因斯坦的相對論之對物理學那樣，找出一個讓人信服的理論。直到上世紀六十年代以來，一個稱為板塊構造地質學的新學說引起了眾目所矚。板塊構造學的要義在於表明，我們賴以立足、生存的地基，大約由十二塊薄而硬的板塊組成。就像煮熟雞蛋後敲裂的蛋殼，在表層包蓋著地球。然而，這些板塊又不同於裂開的雞蛋殼，它們互相結連，而又始終處於擠壓、碰撞與重組的運動過程中。板塊永無休止的互相插入、摩擦以及擠壓，有如波濤洶湧的海上，巨大浮冰之間的相互衝撞、擠壓，造成了蔚為奇觀或慘不忍睹的景象。

這段地質學上的話，是否也可以作為社會學來讀？

社會學意義上的板塊衝撞，比地震學來得更為複雜。

唐達成在1976年唐山大地震之後說過這樣的話：「我們是地球人。我們必然處於各種板塊的擠壓衝撞之中。」

馬烽說：「由人不由人，我是被夾在了丁玲和周揚兩人之間。」

唐達成和馬烽都身不由己地處於兩大板塊的激烈衝撞之中。一開始是周揚、丁玲兩大板塊；周揚、丁玲身後，又演變為張光年、賀敬之兩大板塊。

對於這場「板塊學」的重新結構、分化、組合，馬烽說了這樣兩段話：

「周揚、白羽、默涵過去都是比較左的。劉白羽這個人，1957年跟上周揚在整丁玲上是不遺餘力的。可是丁玲問題平反的時候，中央文件下來，劉白羽第一個說，確實我們錯了。而且，丁玲死了以後，劉白羽寫了一篇文章，悼念文章帶檢討性的。過去，我呀、孫謙呀，總覺得劉白羽這個人是『老左』，很偏激，看了他這篇悼

念文章，觀點立刻有點轉變。丁玲也說，白羽不管他過去怎麼樣，人家認錯還不行嗎？還能咬住人家不放？後來，陳明看了，也是很感動。比起張光年來，張光年你太整人厲害了。人家覺得，當年的那些事，這不是掩蓋得住的。你錯就錯了嘛，這有什麼了不起的。張光年向被他整過的人道歉了？檢查了？沒有，從來沒有。」

「周揚手下有兩員大將，一個是賀敬之，寫詩的，寫《白毛女》，一個是搞理論的馮牧。馮老大、賀老二嘛，他們的關係很密切。延安時期，兩人住一個窯洞、睡一個炕頭；1976年鬧唐山大地震的時候，兩人住一個抗震棚。可是後來也是因為這個派性呀，他們倆基本弄翻了，互不來往。」

1978年，唐達成和馬烽還是作為丁玲營壘中一條戰壕裏的戰友同病相憐；三十年河東，三十年河西，二十年後，兩人卻成為嚴峻對立雙方選中的代言人，「劍拔弩張」。

我在《唐達成文壇風雨五十年》一書中，專門有一節寫到：唐達成由丁玲集團的「同黨」而嬗變為「叛徒」，反映了人與現實的全部複雜性。那是一部大書的容量。

我們現在只能從馬烽的角度，從泛出水面的波光漣漪，感受一下「紅色漩渦」的驚心動魄。

瑪拉沁夫直人快語，他對當時文壇抬冰心、貶丁玲的現象談了自己的見解：

「為什麼要抬出冰心取代丁玲？吹捧冰心、渲染冰心，為的是貶損丁玲、淡化丁玲。丁玲有隊伍，門徒故吏遍天下。冰心獨立大隊，單槍匹馬。對冰心無須戒備，成不了氣候。而對丁玲則心存忌諱，嚴加防範。」

瑪拉沁夫所言，道出了文壇的一個現實。

「文革」十年，徹底砸爛了「十七年文藝黑線」。新時期到來之際，萬廢待興，一切都面臨重新「洗牌」、重新整合的戰略態勢。

讓我們先看1979年第四次文代會上，丁玲五十年代文講所故舊學員的一次大聚會。對於這次聚會，徐剛做了這樣的描述：

> 1979年11月，全國第四屆文藝工作者代表大會期間，一些曾在文研所、文講所畢業的代表，知道我已調回北京負責恢復文學講習所的工作，便提議叫我組織一個團聚茶話會。同志們有二十多年沒見面了，這是風雲變幻異常的二十年。同志、校友間的交往由淡化、冷凍、融解、升溫，到現在熱氣騰騰的二十年。在四屆文代會上，一股熱氣沖上來——文講所是培養青年作家的園地，很多文藝骨幹是文講所培養出來的，成為大家的共識。歷盡劫難的校友們從全國各地到北京相聚，開個校友會，是天時地利人和。我找作家協會黨組書記李季談此事，李季說：「我支持你們開茶話會，你跟張僖談談，叫他找個會址，備點茶點。」我說請你參加，李季沉默片刻說：「我有困難，不能參加，請你諒解我。」我找張僖談，張僖說：「只能喝茶。」我說：「喝白開水也行，請你參加。」張僖用手勢作推辭狀，說：「我可不參加。」通知發出後，我還擔心有人會避嫌，午餐時得到全都願意參加的資訊。我立刻乘車到友誼醫院——丁玲做乳腺癌手術，在這裏住院。我向病床上的丁玲說了聚會的事，她忽地坐起來，連連地說：「我去。我去。」馬上伸出腳找鞋，這時

陳明進來了，幫她穿好衣裳，圍上花頭巾。到了新僑飯店，陳明和我攙扶她走進西會議廳，大家都已到了，有和丁玲共同籌備創建中央文學研究所的田間、康濯、馬烽、邢野、陳淼；有中國作家協會文學講習所所長吳伯蕭、副所長公木；還有擔任過教職等工作的石丁、葉楓、古立高、西戎、李昌榮、逯菲、蔡其矯；有第一期畢業的王血波、王谷林、王有欽、古鑒茲、孫迅韜、李納、李若冰、陳登科、瑪金、周雁如、胡正、胡昭、徐光耀；第二期畢業的王丕祥、王慧敏、鄧友梅、白刃、劉真、劉超、瑪拉沁夫，和谷岩、苗得雨、張志民、張鳳珠、趙郁秀、胡爾查、賀抒玉、董曉華、繆文渭、譚誼、顏振奮；第三期畢業的王劍青、達木林、吉學沛、李逸民、李學鰲、陳鑒堯、朋斯克、姚運煥、胡萬春、張有德、敖德斯爾、謝璞；第四期畢業的馬敏行、韋丘、劉岱、李虹、苗鳳蒲、龐嘉季、康志強。

二十年後重相逢，一次故人的聚會，徐剛請時任中國作協黨組書記的李季參加座談會，而李季卻沉默片刻說：「我有困難，不能參加，請你諒解我。」徐剛請時任中國作協祕書長的張僖參加，張僖用手勢作推辭狀，說：「我可不參加。」

此一現象顯然向人們傳遞著某種資訊。

唐達成也是文研所的學員，唐達成也接到了邀請函，但以上參加座談會的名單上沒有唐達成的名字，唐達成沒有參加這次聚會。

唐達成對我說：「我好一番猶豫矛盾。按說一個聚會，也很正常。二十年老友故舊重逢，我也挺想見。但心裏面總排不去嘀咕：

真是所有人都不在意嗎？其中之人，或者其外之人，真就沒有一點想法嗎？以我對文壇的了解，絕不是這樣。表面當然不會說。當時可能也表現不出什麼。但刻在心上的東西，比掛在嘴上的東西更可怕。正是這些無形無聲的東西，構成魯迅所說的『鬼打牆』。我一次次對自己說：寧信其有，莫當其無。一千次自己嚇自己沒關係，只要有一次撞到牆上，就是頭碰血流。」

唐達成還說：「我當時還有另一層憂慮。那麼多人沒見到我，對我又會是什麼看法？做何議論？我都想好了怎麼回答，倒是沒有人問起。」

我問過馬烽、李昌榮。

馬烽作一副回憶狀：「唐達成沒參加嗎？我倒沒注意。」

李昌榮說：「那時唐達成在會務上，大概忙得沒顧上。」

唐達成不露聲色地躲閃騰挪而過。事實證明：唐達成的擔憂並非空穴來風。後來文壇上紛紛揚揚傳言這次聚會，是丁玲出山後「召集舊部」，「重整舊河山，朝天闕」。

唐達成還說：「當年文壇有個說法：說文研所是丁玲的黃埔軍校；《文藝報》是丁玲的井岡山，也就是丁玲的小山頭的意思吧。」

而且，這次團聚會上的張張合影照，也被以後文壇的某些領導人看作是丁玲示威陣容的一種展示。

馬烽在〈回憶李季〉中這樣描述李季：

1973年春天，我獲得了解放。第一次去北京的時候，知道李季已經調到人民文學出版社工作。那時候外地來京的人，都

非常想看看一些老同志。但那時大家驚魂未定，都有點擔心被戴上舊勢力搞串聯、「搞復辟」的帽子。有一次我和孫謙、李准去看李季，他倒是滿不在乎，照樣熱情地接待了我們。從這以後，每逢我到北京，總要到他家看看，在他家可以講些真話，可以暴露一點真實的感情，互相安慰，互相鼓勵。

1976年初春我去看他，那時正是新中國歷史上最黑暗的年代，我們敬愛的周總理與世長辭了，後來被稱作「四人幫」的那些人更為猖狂，人們心情都很沉重，李季的情緒更壞，因為不久前「四人幫」點了他的名，說他「以筆代刀」，是舊勢力的代表，聯繫得盡是些「黑線人物」等等。當時他的壓力很重，但他沒有一點嚇軟蛋的意思，他把江青、姚文元大罵一通，說他們這是要毀滅革命文藝。那時他已被迫離開文藝界，到石油部工作去了，我開玩笑和他說：「我把你這些言論整理起來打個小報告，你就爬下了，我就上去了。」他說：「我還可以再給你補充一點。」接著就為鄧小平同志鳴冤叫屈。

李季並非膽小怕事、謹小慎微之人。而李季在對待一次普通聚會時的顧忌，則更讓人感受到事情的微妙、複雜、嚴重。

在上述名單中，西戎、胡正都列在其中。西戎在丁玲去世後，曾撰文〈憶良師丁玲〉，胡正在丁玲去世後也撰文〈送別丁玲老師〉，都表達了與丁玲之間源遠流長、情深意長的師生關係。馬烽作為趙樹理去世後「山藥蛋派」的領軍人物，作為一路諸侯，理所當然引起格外關注。得諸侯者得天下。

田東照給我講到過他「河魂系列」的代表作《黃河在這裏轉了個彎》的命運，這個細節也很能說明問題。

田東照說：「那時候，丁玲剛創刊了《中國》，給馬烽來了信，希望馬烽給她推薦好稿子，支持她的刊物。馬烽就到《黃河》、《山西文學》二個編輯部去，問最近有沒有好稿子。《黃河》的張發就說，田東照正有部中篇《黃河在這裏轉了個彎》給了我們。馬烽看了，很欣賞，就和《黃河》商量，把這篇稿子給我吧，我給丁玲的《中國》，山西支持支持她辦的刊物。馬烽說了，誰也不好說什麼。正好當時我來太原開個什麼會。馬烽把這個事情一說，問我意見如何？我說，你說咋地就咋地。馬烽給他們寄去，他們看了後說，好！當時牛漢是《中國》的執行副主編，反應都很強烈。牛漢說，能不能稍微再改一改，就讓我去了北京，住在中國作協招待所，住了有四、五天，沒有什麼大改動。就在《中國》第2期發了小說第一篇，壓卷之作。這個東西出來以後，咱也弄不清北京的情況，據說受了一些派系鬥爭的影響。那時候，我是稍微聽到一些，但不是很清楚。以後過去好幾年了吧，馬烽有一次打電話，說東照你來一下。去了以後，馬烽給了我一本刊物，刊物上登了一篇文章，就是說這件事。說由於他們的內部鬥爭，把這篇作品做了犧牲品。」

田東照所說這篇文章，是周良沛所著的《重讀丁玲》，文章登在《文藝理論與批評》1997年第4期上。文章中有這樣一段話：

> 無怪山西作家田東照的中篇《黃河在這裏轉了個彎》發表後沒有獲得大家原先預期得到的反應時，編輯部的同志都百思不得其解。作者以其深厚的生活底子，冷峻的筆觸，對貧困

山村的寫實，讀的人是心跳的。在評論家當時評薦的作品中，它不一定在它們之上，也絕不在它們之下。評論家可以不認同丁玲對文學傾向性的看法，總該為作品力透紙背所描繪的人生畫圖所動吧。此時此地，這種文學現象，也只能從非文學的角度去看了。無怪丁玲說：「它要不是發在我編的《中國》上，早就會有人出來叫好，給獎了。我們把它約了來，反把人家埋沒了。真是罪過啊！」

在一次丁玲文學創作研討會上，馬烽對丁玲說了這樣一段話：「如果僅僅把丁玲看作一個作家，那樣的理解是不全面的。丁玲從來不是關在書齋裏醉心於象牙之塔藝術的作家，她始終把文學作為革命事業的一部分，始終投身於中國人民的革命鬥爭生活。從丁玲的許多作品裏我們可以看到，比起作家，她更喜歡戰士的稱謂。」

馬烽還說：「在現代中國，作為文學家，如此深入地投身於群眾的鬥爭生活之中，把個人命運與中國人民的解放、建設事業如此緊密地糾結在一起，丁玲是相當突出的。」

馬烽以一個作家的敏銳，言說出了丁玲做為作家和戰士的「雙重身分」。

詩人賈漫在《詩人賀敬之》一書中，從側面記錄了丁玲作為戰士的「鬥爭風彩」：

人心所望呼之欲出，不能不想到丁玲。

1979年11月8日，李季在這次作協代表會議上主持會議，在大會發言已近尾聲時，遲到的丁玲做了一次很長的發言。周良沛的

《丁玲傳》裏全部記載了這次發言，發言的要害是指出文藝界有宗派。她說：

　　……就說派吧，據說從延安就有一名外國記者、趙浩先生寫過一篇訪問報告，說延安嘛就有宗派。有兩派，一派是「魯藝」，為首的是誰誰。另一派是「文抗」派，「文抗」派是以我為頭子。還有艾青。事實上，當時我恰恰不在「文抗」。「文抗」有七個負責人，他們是蕭軍、羅烽、白朗、艾青、于黑丁、劉白羽，是他們七人輪流主持，沒有我。那天，艾青笑著說：「我是獨立大隊。」蕭軍，你們看得出來，那是大英雄，他能參加哪一派呀（笑聲）？他什麼派也不參加，他就是蕭軍派，他還能以我為首哇？哼！你算什麼？

　　「魯藝」嘛，我相信，在座的「魯藝」的師生一定很多，他們一定不會承認他們是一派。賀敬之同志就在這裏，他不會承認他是「魯藝」派，他不是。賀敬之在延安的時候，他的詩先給艾青看，艾青就首先欣賞他的詩。我有個印象，是不是這樣，我記不清了。我在北京工作，招待外國作家的時候，請陪客我沒有找文學研究所的人，我找的是賀敬之，是李季，當時的兩位年輕詩人。所以，我們很多人，大約沒有什麼派，誰是派的頭子，大家心裏明白嘛。這就是說，有派啦！要沒有，他能承認嗎？那我就希望，這些有派的同志可以回想回想，自己可以修改、修正嘛！……特別是現在有了權的人，要多聽別人的意見，多聽反面的意見，不要只聽接近的幾個人的意見。有的人同你接近，有的時候是趣味相

投，有的時候不一定是趣味相投，他是別有目的的，你也得注意。我常常腦子裏想，跟有些「老朋友」講兩句真心話、直話，勸勸他，你注意注意你那周圍手下的某些人吧！你別吃虧上當了！我這話是不是有用哇？想想還是算了吧！就是這個樣子，所以今天我再講了，只把這個問題提出來。

丁玲講完以後，也是當年被打成「右派」的公木，按捺不住激動的心情，他爭著上臺說了一句話：「我完全同意丁玲的意見，文藝界的問題之所在，就是宗派問題。」引爆了一陣掌聲。

會議已經超時，在這種情況下，李季請周揚講幾句。周揚先是不講，後來終於講了。他講到受「四人幫」迫害，被打聾了耳朵，但不能因此抵消我過去的錯誤。當他講到被「四人幫」打散的文藝隊伍今日重聚：「文藝的春天來臨了！」這時，七十三歲的蕭軍在臺下高喊：「周揚同志的春天，就是我的冬天！」

……周揚在臺上遲疑了一會，會場空氣有些肅然……。

這天會議結束後，賀敬之想到周揚會感到壓力和不快，第二天去看周揚。果然周揚對賀敬之說：「丁玲的女兒蔣祖慧來，我對她說：『你媽媽的右派問題和反黨集團問題應當平反。另外的問題她還有兩個「點」——疑點和污點。疑點已消除了，污點是有的，不能動。』」

唐達成跟我說過丁玲的一件事：在胡喬木發起並組織對周揚的〈關於馬克思主義理論的幾個問題〉一文批判期間，當中央的意圖已經日趨明顯，丁玲聯繫了十四名黨員，寫信給小平同志，告了周

揚一狀。小平同志辦公室批轉下來，中紀委專門派人下來，找唐達成調查落實信中反映的情況。唐達成說：「丁玲也絕非善良之輩。只要有機會，她也會不失時機地來個落井下石。」

關於丁玲聯繫十四名黨員給鄧小平寫「告狀信」之事，偏聽則暗，兼聽則明。讓我們聽聽另一面的說詞。

丁玲的祕書王增如在〈無奈的涅槃——丁玲最後的日子‧陳登科帶來的消息〉中，詳盡地講述了「告狀信」的成因、經過和內容：

> 1984年2月29日，陳登科帶著安徽的青年作家高爾品，來到木樨地丁玲的寓所，看望當年文講所的老領導。他們關係很熟，又都是性格豪爽的人，無話不說，談笑風生。陳登科在談話中講到，安徽有許多傳言，說你們二十四個人聯名告狀。丁玲說：已經有人來問過我了，不過他們講的沒有這麼多人，你這裏人數又增加了。他們說了名字沒有？陳登科說：有曾克、逯斐、雷加、魏巍等等。高爾品在一旁說：安徽傳得很厲害。丁玲哈哈笑起來說：雷加半年跟我見一次面。說我還去聯絡塞克，我是去醫院裏看了塞克，因為聽說他快死了。塞克一輩子也不出頭的，病了快兩年，講不出話來了。我聽人家講到有個塞克，哈哈大笑。接著她又問：說我聯絡了這麼多人幹什麼呢？陳登科說：聯合簽名上書，告周揚。說這次再也不能放過周揚了，他的檢討是假的。丁玲又笑起來：周揚要我去告呀？你還不知道有個謠言，說我自殺了。兩個人都來看我，都是不常來的人，就是來看我還在不在，好不好。陳登科說：還有一個消息，說丁玲的勢力

又要抬頭，要把馬烽調到作家協會當黨組書記。丁玲說：上海也說了，說我和艾青兩個人都想當作家協會的主席。陳登科說：這個風主要是北京吹來的。高爾品說：我們外地都叫「中央軍」。

外界所傳丁玲等十四人（又有說是二十四人）給鄧小平寫信誣告周揚、誣告作協這件事，第一不是誣告信，而是作家支部開會的一份簡報；第二，那份簡報也不是丁玲寫的。中國作協作家支部大約成立於1981年，主要由十幾名駐會的黨員老作家組成。他們大多在二十、三十年代就參加革命發表作品並蜚聲文壇，後來在反右和文革中受到迫害摧殘，粉碎「四人幫」、撥亂反正以後，他們的冤案逐步得到平反和澄清，他們重回北京、重返文壇，關係落在中國作家協會，組成一個黨支部。他們的平均年齡超過六十歲，平均黨齡也超過了四十年。1983年，艾青曾經在一次支部會上依照每個人的年齡排過座次：丁玲第一，沙汀第二，都已年屆八十；羅烽第三，艾青第四，都到了七十四歲；草明第五，舒群第六，都過了七十；逯斐第七，曾克第八，也過了六十五歲；只有李準最年輕，也已年過半百，五十五歲。這些人資歷深、級別高、名氣大，其中有中國作協副主席三人，全國政協常委、政協委員和全國人大代表七人。這些人身體狀況不好，幾乎個個疾病纏身，其中張天翼、白朗生活已不能自理，因而他們戲稱自己是「老弱病殘支部」。逯斐和舒群、曾克和李准，先後擔任過前兩屆支部的支部書記和副書記。1983年8月，根據中國作協黨組的安排，作協全體黨員以支部為單位，學習《鄧小平文選》。作家支部的「老弱病殘」

們結合黨的建設和文化事業的現狀，認真學習，在通讀的基礎上，他們在9月份舉行兩次支部大會，座談學習體會，一次在9月3日，一次在9月17日。當時作協要求各支部把學習座談的情況寫成文字材料上報，支部書記曾克根據發言記錄，也把這兩次的座談會的情況寫成一份簡報，上報作協機關黨委。簡報裏都寫了些什麼呢？我手頭找不到那份簡報，但是我找到了1983年9月那兩次作家支部座談會的原始記錄本。從會議的記錄中，可以得見當年支部大會座談討論的內容。我把兩次支部會議必須記錄的專案照抄如下：

1983年9月3日作家支部學習《鄧小平文選》討論會記錄：出席：曾克、舒群、草明、逯斐、丁玲、沙汀、艾青、秦友蘇、王增如；列席：中直黨委二人，中宣部文藝局一人；請假：羅烽、白朗、張天翼、沙汀（參加一小時後退席）；地點：作協樓下會議室；記錄：秦友蘇、王增如。

1983年9月17日上午支部大會學習《鄧小平文選》座談會：出席：丁玲、舒群、草明、逯斐、曾克、李準、王增如、秦友蘇；請假：沙汀、艾青、羅烽、白朗、張天翼；記錄：秦友蘇、王增如；列席：劉昆、機關黨委三人、中宣部文藝局一人；地點：作協樓下會議室。

兩次參加會議的人員均不足十四人，不知「十四人」一說出於何處。這些老作家們大都認真地通讀了《鄧小平文選》，只有草明說還有四、五十頁未通讀完，李準因夫人住院未讀完最後幾篇，都在會上做了說明。作家支部開會有個特點，發言一個接著一個，從來不冷場。老作家們慷慨陳詞，從不拐彎抹角。但是他們的組織觀念都很強，懂得有意見要向組

織上反映，因而多次要求作協黨組、機關黨委派人參加會議，直接聽取他們的意見。從記錄上看，中直黨委、中宣部文藝局一直有人參加他們的座談會，第二次討論時，作協機關黨委劉昆等四名同志也參加了座談會。老作家們真心誠意希望通過學習《鄧小平文選》，使文藝界形勢發展得更好，使作協的工作有所改進，誰也沒打算偷偷摸摸去告誰的狀。舒群在9月3日討論時第一個發言，他聲明：「我發言可能聲音高，但沒有個人情緒，我沒有溫柔的本事。周揚在，劉白羽、陳荒煤、林默涵在，我也這麼說。」

老作家們的發言歸納起來，大致有五個方面的內容：一是衷心擁護鄧小平關於「堅持四項基本原則」的講話精神，對照檢查自己；……二是列舉社會上的不良傾向，提請中央注意……；三是就文藝方針和文藝政策問題，指名道姓地給文藝界領導，包括中國作家協會的領導提意見……；四是有關文學創作的問題，到底提倡「傷痕文學」，還是在文學作品中著力塑造社會主義新人等等；五是對老作家的待遇有意見，普遍認為除丁玲、艾青稍好些外，對其餘老作家不重視，不關心。

這些憂國憂民的老黨員們，認為他們提出的一些意見、反映的一些問題，都很重要，而諸如加強精神文明建設、加強對青少年的思想教育等問題，又絕非作家協會所管轄、所能解決得了的，因此有必要向中央反映，提請中央注意。經過討論，他們便在曾克同志整理的簡報材料的抬頭寫到：「中國作協機關黨委並轉鄧小平同志」。後來，這份簡報確實轉到了鄧小平同志的辦公室。

1983年10月11日，星期二，我的日記中有這樣一段記載：
「丁、陳老全天去香山。中央辦公廳某某某同志打電話，要
我和曾克同志去修改簡報清樣。」當時令我異常興奮的，
是平生第一次進中南海的經歷，而對簡報本身的重要性，
似乎並未有足夠的認識。那天一早，丁玲和陳明就從作協
要了車，去香山看望書法家康殷先生。我在木樨地丁玲寓所
值班。下午2點多鐘，一個電話打來，報名是中央辦公廳某
某某，要找丁玲。我告知丁玲不在，可能較晚回來，我是她
的祕書，有什麼事我可以轉告。某同志說，你知道丁玲同志
給小平同志寫信的事嗎？我回答：沒聽說丁玲給小平同志寫
過信呀。某同志說，也不是丁玲同志一個人寫的，上面還有
好多人的名字。接著他念了一串作家支部同志的名字，並念
到記錄者是秦友蘇和王增如。我馬上回答，那是作家支部的
簡報，支部書記不是丁玲，是曾克，其中的記錄者之一就是
我。某同志說，你們的簡報，我們請打字室給打出來了，現
在需要你們來兩個人修改、校對。只要是在簡報上署名的，
誰來都可以，越快越好，今天就要搞好。

我知道此事重大，但一時又與丁玲同志聯繫不上，便打電話
告知支部書記曾克同志。曾克說現在找誰都來不及了，就
咱們倆去吧。他家住在禮士路，距丁玲家很近。大約3點多
鐘，我們到了中南海。某同志有四十來歲，戴一副黑框眼
鏡，舉止穩重，說話和氣。他拿出原稿和一份列印稿，說：
「小平同志看到了你們的簡報，批示印發政治局和書記處各
位同志，所以我們把它列印出來了，現在來請你們校對清
樣，也可以修改。今天一定要搞完。」

原稿寫在八開大的作協稿紙上，是複印件，抬頭寫著：「中國作協機關黨委並轉鄧小平同志」。簡報完全按照會議記錄形式整理，列出出席、缺席、列席和記錄人姓名，發言內容也記錄在每個人的名下。我看到在原稿的天頭空白處，有用鉛筆寫的「印發政治局和書記處各同志」的字樣，落款是「鄧辦」，日期是10月9日。某同志建議把發言人的次序按內容重新排列一下，這樣看起來比較清楚。我們照辦了。列印稿上錯字較多，曾克和我，一個人念原稿，一個人仔細校改。全部搞好以後，天已經完全黑下來了。

丁玲在這兩次會上都講了些什麼呢？兩次會她都是最後一個發言，在這裏不妨把她的發言記錄全文照錄如下。

丁玲1983年9月3日的發言：「黨號召我們講真話、講老實話。我這幾年老在矛盾痛苦中。一回到北京就有人勸我莫管事、莫表態，養老吧。勸我的人很多。我是黨員，不能出家、成佛。這四年多，我寫了五十多萬字，沒有人評我的，但閒言閒語很多。我沒辦法。這文壇實在不能待。這次要整黨，又有人勸我別說話，說一倒楣就是你。我倒不怕。最近聽到一些事，心裏不舒服，作協、文藝界的事，我們是搞文藝工作的，能不管麼？我知道這幾年我得罪了一些人，都是管事的人。因為我好說，憋不住，開會還來的次數多，又喜歡講痛快話，一講就涉及人。是不是有偏見呢？有時常常自己問自己。現在評獎時，不講作品，先講誰應該給一個。現在旌旗招展，不知什麼顏色的旗子。說我是正統派，就是僵化。他們原來打的是解放派的旗子，現在又打出反對資產階級自由化的旗子。你們當權的最好講清楚，我們也好明白。

我過去不能發表文章，現在能發表文章了，大部分是在小刊物上發表的，共五十萬字。我也有竅門，寄到大刊物的文章都是適時的，而且送到秦川那裏。我在《十月》發獎會上，講《牛棚小品》、《杜晚香》怎麼發表的，許多人背地說我不該在那種會上把什麼都講出來，不該那麼講。《十月》發表了《莎菲女士的日記》和一篇評論文章，陳荒煤讓《十月》檢討。還有人問人民文學出版社，為什麼總出丁玲、馮雪峰的書？我寫〈魯迅先生與我〉是為了澄清一些人的謠言，投到《新觀察》，戈揚說要請示。我把稿子要回來，寄到湖南。我寫了〈我所認識的瞿秋白〉，人民文學出版社出回憶秋白文集，有人指名不讓收我這篇。有經驗的人告訴我，因為你沒有哥們兒、幫伙，所以一打就倒，人家還說你們是幫派。我、舒群、艾青，這些人都是老天真，一講就動感情。說得不對，請批評。」

丁玲1983年9月17日的發言：「昨天有個詩人來看我，他對我很好，說我現在寫文章寫得太多了，不注意，碰了別人了。說老實話，我不想寫這些文章，我總想著我的小說。可是看到問題，如鯁在喉，不吐不快。我愛文藝，不講不行。有人早就勸我，不要管那麼多事，你從1956年就離開文壇了，別以為你是作協副主席。我們對人民、對黨應該是一往情深的，不能等價交換，等價交換就要算帳了。我讀沈醉的《我這三十年》後發言，我說，過去我恨你們這些人。你改造得這麼好，比我們有些黨員改造得好，過去我也改造，可是誰給我溫暖呢？那麼多領導和人民給他以溫暖。我認為黨應該像太陽一樣，給人以溫暖。要不是三中全會，要

不是胡耀邦、鄧小平出來工作，我們可能要右派到底的，我感謝黨。曾克今天的發言啟發了很多人。工作的人辛苦，你給他提意見，他一個是沒時間，一個是不耐煩。我覺得就該分析你自己，這樣才能使人心服，這就可以解決那種一貫正確的問題了，眼光就不至於短淺了。否則，心眼窄，憑主觀下結論。我不喜歡做社會工作，有人說我有野心，我不同意。五十年代，我也不同意，我不願做文講所的工作，但別人說文講所的工作不好，我不愛聽，委屈得哭了。因此我能體諒現在做工作的人的心情，希望他們心胸寬闊一些。一個人認識自己是最難的，毛主席最了不起了，但認識自己也那麼難，他對我怎麼樣，不管，但我對他是一往情深的。現在看到很多人還在指桑罵槐地罵他，我心裏是很難受的。做工作的人要以天下為己任，不要為自己的交椅苦惱。思想教育、教育人的問題太重要了。四川來人告訴我，四川槍斃了三十六個人，開大會時，只有一個五十來歲的趴下了，年輕的，二十多歲的面帶笑容，女的像江青一樣，把頭髮梳得光光的。上海來人講也是這個樣子。我不理解，這就是我們的責任。（舒群：現在的刑事犯罪和文藝作品有關！）這種社會現象，我們有責任。」

簡報中引用的丁玲發言，應該不會超過這個範圍。是否誣告，明者自鑒。其實，關於作家支部「上書」鄧小平這件事，當時就不是什麼祕密，當時就在作協機關鬧得沸沸揚揚。這份簡報的抬頭已經寫明，是報呈「中國作協機關黨委並轉鄧小平同志」的。作家支部的老同志們，一致要求把他們的簡報印發到作協各支部，就是希望作家協會的每一位

領導和廣大黨員，都能看到他們的意見，引起重視、引起反響。他們不是偷偷摸摸打小報告，而是正大光明地通過正常渠道，向組織和領導反映意見。他們怕的不是人家知道，而是唯恐人家不知道。作協機關打字室列印這份簡報時，就曾吸引了許多同志前來探詢。有人驚嘆作家支部這些老頭、老太太們的勇氣，有人對他們的意見不以為然，也有人笑話他們太天真。機關黨委一位領導很不屑地說：「作家支部這幫老頭、老太太要造反！」

也許，原本僅是一些雞零狗碎、雞毛蒜皮的小事、瑣事，一旦觸動了那根緊繃的「階級鬥爭」神經，頓時就會變得刀光劍影、硝煙彌漫。

這就是「戰士」的含義？馬烽有一次用戲謔的口氣說到「五戰友」這一稱謂：「也許這個名稱就沒叫對。應該把『五戰友』叫成『五朋友』就好了！」

我之所以不厭其煩地羅列了這麼多原始資料，因為這一切都構成了馬烽1984年、1987年二次上調北京夭折的大背景。

# 馬烽說，中國有句老話：事不過三

關於作協「四大」的換屆，時任中國作協黨組成員、書記處書記的束沛德向我做了這樣一個輪廓介紹：

「……中組部、中宣部搞了一個人事安排小組，作協參加兩個人，一個唐達成，一個我。中宣部常務副部長郁文任組長，祕書長叫沙洪，形成一個九人的人事安排小組。……事先，領導班子的名單要徵求多方面的意見。因為我和唐達成兩人當時已是作協黨組成員。至於我們兩人參加人事安排小組，是作協張光年的意見，還是上面中宣部賀敬之他們的意見？現在也弄不清楚。……從開始，一直也沒考慮黨組書記安排唐達成，曾考慮過張光年再留任一屆，做好過渡；也有過由賀敬之中宣部副部長兼任作協黨組書記的方案；有一段時間，還有把馬烽調回來當黨組書記的打算；後來，又考慮王蒙，那時候王蒙已經是中央委員。……弄得人眼花繚亂的。」

讓我們先看張光年在《文壇回春紀事》中有關換屆的兩篇日記：

1983年9日30日　星期五　晴

上午9時，中宣部工作組王慧敏、劉林（幹部處長）、雍文華、趙鐵信及朱子奇、唐達成、馮牧相繼前來，濟濟一堂。王慧敏組長就該組來作協調查兩個半月（個別談話三十八人，座談會三次，整理書面材料二十九份）的結果，向作協黨組領導做了近三個小時的系統介紹，在充分肯定成績的基礎上，指出作協工作、黨組、黨組成員及其它領導的缺點及

弱點，也提出了改進的建議。……工作組還介紹了作協許多
同志對我個人的意見，講了許多好話，同時指出因年紀大，
身體不好，接觸人受局限，「耳根子軟」，耽誤事情。有些
同志主張我還應在黨組掛名，多數意見是：「不忍心再拖住
他。」有的提出賀敬之兼任，有的主張唐達成繼任，我表示
贊成並感謝，於是念了寫給中宣部並中央要求免去作協黨組
書記職務的報告，連同致鄧力群、郁文、賀敬之三同志的
信，鄭重拜託王慧敏同志轉交。……

1984年2月25日　星期六　霧

上午9時，按照事先約定的，賀敬之、王蒙先後來，賀有話
要談，拉王陪同。賀主要談了（一）丁玲歷史結論，中組部
將接受她的申訴，恢復1940年（歷史無問題）的結論。我
說，過去幾次替她做結論我均未參加，只要中央恢復她1940
年的結論，我沒有意見，但前年我不讓《新觀察》發表她公
開反駁（中央）1978年結論的文章是必要的，她對我提出的
錯誤批評，應當收回。（二）人事安排小組提出今後由賀兼
作協黨組書記，調馬烽來參加領導，我對調馬烽、排馮牧的
做法提出異議。

　　張光年的日記寫得含蓄，藏而不露，對「我對調馬烽、排馮牧
的做法提出異議」的說法也說得語焉不詳。但「項莊舞劍，意在沛
公」，鋒芒所向已經十分明顯。
　　而賀敬之的說法就比較明朗和激烈了。賀敬之在我對他的訪談
中說：「在作協四大之前，我去看張光年，張光年跟我講了兩件事

情，我聽了以後，就對光年同志覺得很遺憾了。原來還是比較一致的。一個就是作協的班子問題，他跟我講，因為過去我是他的下級了，所以他講得很不客氣。」

我插話問賀敬之：「以前他是你的領導，可後來你們兩人的位置發生了變化，你是中宣部分管文聯、作協的副部長，他就算是作協黨組書記，也還是在你領導之下，怎麼和你談話，仍然是一種俯視訓斥的口氣？」賀敬之答：「是呀，完全是那麼一種口氣。我這個人也沒有什麼架子，可能還是原來那樣。他跟人說話，卻完全是：『啊……怎麼能這樣呢……。』，一幅官腔。」我又問：「他後來對你的態度，是不是與你們的位置打了顛倒，你躍居他之上，使他心理產生不平衡所致？」賀敬之答：「那我不好說這個話。」

隨後，賀敬之又回到剛才的話題上。

「張光年對我說，賀敬之同志啊，作協的班子你們還要徵求我的什麼意見呢？你們不是已經都定了麼，你們要把丁玲捧出來。我說，怎麼是我們要捧出來，丁玲原來不已經是副主席了嘛？他打斷我的話，我告訴你，如果把丁玲抬出來，文藝界就大亂了。我說，她是一個老太太，怎麼就能大亂了呢？很清楚了嘛。你們把馬烽搞出來，馬烽就是丁玲的人嘛。……還有這個，這個你不會不知道吧？馬烽和江青的關係？我說，這件事我是參加處理的，因為正式報到中央來了，我是正式請山西省委做了調查，這是沒有問題的。副主席有很多名，馬烽確實我提了，我還提了孫犁。我說，無論從資格上講、從成就上講，這兩位同志都應該吸收進來。與此同時，我是有這麼一個意思，馬烽同志到北京來工作。但是還沒有定，還不是黨組書記，就是主席、副主席。他們就這麼敏感。馬烽同志，在文藝界本來就有那麼大的影響，他已經不僅是在文章中，在講話

中也是講四個堅持的。所以有那麼一些人就覺得氣味不對，就傳謠說他在大寨的時候，跟江青怎麼怎麼樣。但實際上，是莫須有的。提馬烽的人還有一個你想不到，是巴金同志。巴老提出副主席裏面應該有馬烽。我跟張光年同志講，不是這樣，副主席裏面，巴金同志也提到馬烽。」

馬烽就這樣莫名其妙地，又一次身不由己地被捲入這場角逐之中。在我對馬烽的訪談中，馬烽也談到這個問題。

「1984年召開全國第四次作代會，籌備了七、八個月的時間，主要是人事安排，中宣部直接領導的。開頭還比較民主，人選問題，主席、副主席哪些人，委員哪些人，徵求各方面的意見，大家都可以推薦，他們再綜合。大概推薦我當副主席的還不少。為什麼不少？我主持過第一次全國青年作家代表大會，而且在創作上，我回了山西還寫了些作品。推薦我當副主席的人員裏面主要有三個人，謝冰心、丁玲、巴金，巴金和我一塊出過國，他來過太原，我們陪著他去大同雲崗，是在1964年。他1963年還和我一起去了日本一趟。後來，他老婆蕭珊也來過，她是《收穫》的編輯，來組稿，住在我們家，和我關係也可以。冰心兩次和我出國，像老大姐一樣，人家覺得我這個人品還可以，解放區培養起來的年輕作家，也應該掛上一個，老中青都應該有。丁玲嘛，也提了。丁玲這一提就壞了，大概上去以後，就說這個人不行嘛。據說是張光年傳出來的，最早是周揚說的。到周揚那兒，他是丁玲的人呀，張光年奉命就傳達下來。所以，從籌備組那兒就傳出來了。這就把我免啦。」

賀敬之的談話裏提到「馬烽與江青的關係」，這又是一個一時半會、三言兩語說不清的話題。

　　還是讓我們聽聽當事者馬烽如何說：

　　「還有一件沒法說的事。我黨即將召開『十二大』時，我是代表候選人，名單已經公佈了。可是到選舉時，突然把我的名字劃掉了。有人抱不平，去問組織部。回答說：馬烽與『四人幫』的事沒有審查清楚，現在有人告狀。這就奇怪了，我當『十一大』代表時，什麼都審查得清清楚楚，有很全面的資料，怎麼四年之後反倒不清楚了？我斷定這肯定是有人搞鬼！果然是那位沒當上文聯黨組成員的害人精又在告黑狀。這是原則問題：黨代表我可以不當，政治黑鍋絕不能背！於是，我不得不開始了自衛反擊：依靠黨組織來對付誣告！為此，省委派出了工作組，經過近兩年的調查取證，終於還我以清白，而給誣告者以應有的處分。這比我當了『十二大』代表還高興！……這件事的起因是什麼呢？省委組織部事先沒有徵求我們文聯黨組的意見，突然就派來一位黨組成員。此人雖屬老幹部出身，但在『文革』中跟著造反派瞎折騰，又是大字報，又是小字報，今天揭發這個，明天揭發那個，是著名的害人精！省委組織部的某個領導出於私人關係，來了一個突然襲擊，搞得機關炸了窩。黨組副書記西戎同志對我說：你要同意他來，那我馬上走。祕書長程曼說：馬烽同志，你和他合作吧，我們都走。連總務科長、汽車司機等都要罷工不幹了，可以說全機關沒有幾個人歡迎他。此人在『文革』中實在太愛整人了！我當然也是深受其害，別說大家都反對他回來，大家不反對，我也不同意他回來。於是就頂了省委組織部，將此人的調令給退了回去。此人最後倒是沒有來，但卻得罪了組織部長和這位老先生，給我自己惹下了禍根。」

　　馬烽出於他一貫的「黨性」，把這件「官場是非」說得輕描淡寫，其實是一件頗具傳統中國特色而又富有現實社會內容的典型事件。

馬烽的傳記作家周宗奇在做了詳盡的調查以後，勾勒出了事情的大致面目：

為了真實、客觀、準確起見，這裏盡量使用原始資料。

為了盡量減少篇幅，這裏又得盡量刪繁就簡，因為此案的存檔資料至少有一百五十多萬字。

就從馬烽先生致當時的中共中央總書記胡耀邦的一封信開始吧。

1981年11月10日，他致信中共第一把手曰：

> 耀邦同志：我叫馬烽，大小算個作家。現任山西省委宣傳部副部長，實際工作是省文聯主席兼黨組書記。有一件事要向你申訴。為了節省你寶貴的時間，我盡量說得簡短一些。
> 去年（1980年）冬季，山西省在選舉出席「十二大」的代表時，有人向省委告了我的狀，主要罪名有兩條：其一，說原省委第一書記王謙與江青有聯繫，我是聯絡員。因為聯絡有功，王謙委任我為宣傳部副部長，以示獎賞；其二，說1976年我在參加寫《長征》電影劇本時，名義上是沿長征路線採訪，實際上是調查各省委書記的情況，向江青直接寫黑報告。山西省委對此未經查證和落實，就撤銷了我「十二大」代表候選人的資格。會議中雖然有的同志向省委提出了異議（如省人大常委副主任史紀言、副省長趙軍等），但省委並未理睬。當時我對此事未發表任何意見，一方面是避免爭當「十二大」代表的嫌疑，另方面我相信省委遲早會把事情調查清楚。會後，我接連三次向省委寫了書面申訴，請求查證

落實。但時至今日已一年有餘，杳無音訊。這事不是發生在「清查運動」之時，而是發生在「善終」工作之際，不知為何遲遲不得解決？我想很可能是因為牽扯到原省委第一書記王謙同志，現在的省委不便處理。這就是我直接向你寫信的原因。

在「四人幫」垮臺前一年，我和江青在工作上有過幾天接觸（材料附後），具體情況，當時山西省委領導人完全知道。在選舉「十一大」代表時，對我也進行過審查，不僅認為我沒有問題，而且還表揚我在當時那種情況下的言行。而現在卻又變成了「罪人」！我並不反對重新再進行審查，但長時間這麼拖下去，實在也有點說不過去了。其實這事並不難查清：首先看看王謙與江青有無什麼祕密聯繫？如果沒有，我這個「聯絡員」也就不存在了，任命我為宣傳部副部長一事，當然也就不是因為「聯絡有功」了。順便說一下，自從看到任命文件後，我曾兩次向省委寫過辭職書，我自知幹不了，同時也不願意幹，因為我多年來是搞文學創作的，擔此重任，既耽誤寫作，又耽誤工作。現在我仍然要求免去這一職務。關於第二條「罪行」，說我向江青寫過黑報告。這事更好辦了，只要到江青專案組一查便知。

總之，我請求最好中央派人查證落實。如果確有其事，那怕只有一條是事實，我甘願受黨紀、國法處分；如果不是事實，那當然就是誣告了。我要求在適當的場合給我進行平反（因為選舉，出席「十二大」代表會議之後，許多人懷疑我真有重大問題）；另外我要求對誣告人進行處理。法律上有「誣告反坐」之條，黨內誣告該怎麼辦？我不清楚。我想，

總不應該不了了之吧？打倒「四人幫」雖然已經五年了，但那種羅織罪名的誣告之風並未停止。這種不正之風也該煞一煞了。長此下去，遺害無窮！不僅引起一些被誣告人的憤慨，而且也給組織上增添許多不必要的麻煩。我所以向你申訴，不是要爭輸贏，更不是要爭當什麼代表，而是要和這種不正之風做鬥爭。我認為對那些羅織罪名搞誣告的人，黨組織如果採取姑息態度，只能敗壞我們黨的作風。

以上報告，如發現有重大出入，我願承擔誣告責任。如果有些看法不對頭，我願接受嚴格批評。

馬烽先生這封申訴信，很快轉到胡耀邦總書記的手上。這位以平反冤假錯案著稱的最高領袖名不虛傳，當即將此信批轉中共中央組織部，交由部長宋任窮處理。宋部長也是雷厲風行，讓祕書直接打電話告知馬烽先生，此事已批轉山西省委查處。當時的省委不敢再拖，即責成省紀律檢查委員會成立專案組，正式立案查處此事，並於1982年4月11日，由省委兩位主要領導同志親自約見馬烽先生，告知查處一事。為備忘計，馬烽先生於兩天後的4月13日，致信這兩位領導，重申自己的合理要求。全信如下：

霍士廉、阮泊生同志：

本月11日下午，你們二位在百忙中找我談話。得知省委領導親自著手處理有關我的問題，我表示感謝。專案組經過半年多內查外調，總算有了個結果，可以做結論了。當時我曾提了幾點要求，因無記錄，而你們工作又很繁忙，恐怕忘卻，故寫這份書面意見，以備需要時查考。我的意見如下：1、我

要求省委做出書面結論，連同別人的揭發、誣告信，以及外調材料和我的申訴等一併歸檔保存。書面結論最好能給我本人一份；2、我要求正式下文件公開平反。這在清查善終工作中有無數先例可援。我想這一要求並不過分，特別是我這問題在省內外流傳甚廣，如果僅只是在一定場合講一下，不能解決多少問題；3、我要求對誣告的人嚴肅處理。根據《刑法》第145條規定：「以暴力或其他方法，包括用大字報、小字報侮辱他人或捏造事實誹謗他人，情節嚴重的，處以三年以下有期徒刑、拘役或者剝奪政治權利。」我知道誣告我的人是向黨內寫的信，我也不打算訴諸法律。引證上邊一段話，只是想說明法律對這種誣告罪是如何嚴肅處理。那麼我們黨內又應該怎樣處理呢？總不能不了了之吧？「文化大革命」中誣告之風盛行，打倒「四人幫」幾年了，這些人還在作怪。這種不正之風實在應該煞一煞了。否則客觀上就會助長這種歪風邪氣的發展，也會給今後的工作帶來很多不必要的麻煩。僅就我的問題，省委就抽調了三個同志（其中兩位是副處長），花了那麼多時間和經費。對我來說，把問題搞搞清楚，這很好。對整個工作來說，不是受了很大損失嗎？另外想順便說的一點是，誣告我的人並不僅僅是這麼一件事，長期以來，他對文聯的不少同志進行過政治陷害。我所指的這個人就是某某。我建議省委進一步調查了解。我並不是要求翻老帳，而是希望全面了解一下這個人，便於就我這個問題進行處理。

　　專案組的工作是認真負責的。1983年11月30日，它以〈關於處理某某、某某等人誣告馬烽同志的請示報告〉為題，向山西省委正

式做出交代。而且這個交代非同尋常，是以「中共山西省委紀律檢查委員會——晉紀〔1983〕37號」的「紅頭文件」發出的。〈請示報告〉說：「省委：關於追究某某、某某等人誣告馬烽同志的責任問題，我們和宣傳部已派人進行了調查。省委紀委常委於11月30日吸收省委組織部副部長王繼平同志、宣傳部副部長李玉明同志和省直機關黨委紀委書記高俊傑同志，開會研究了調查的情況及處理意見。我們認為問題基本調查清楚，同意調查組的報告及所提的處理意見。現將這個報告送上，請審示，並建議黨內通報（摘要）。另外，我們建議省委以省委名義給馬烽同志發一文件，說明有人誣告他和『四人幫』有牽連的問題，已查清，不是事實，屬於誣告，對誣告者已做了處理決定。我們代省委擬了初稿，請審閱。」

那麼，給誣告者以什麼樣的處分呢？專案組1983年12月的意見是：「鑒於上述情況，某某對馬烽同志政治誣陷，造成後果，問題是嚴重的。為了扶持正氣、端正黨風，鞏固和發展安定團結的政治局面，對某某同志必須嚴肅處理。我們的意見是，給予其留黨察看兩年處分，並應在支部做深刻檢查，如本人仍堅持錯誤，要加重處分。」

不知何故，這個處分決定並沒有很快兌現。拖到1984年4月10日，專案組又第二次拿出了處分意見：「一、某某等人反映馬烽與『四人幫』有牽連的問題，經查證，不是事實，純屬誣陷。應給馬烽同志恢復名譽。二、某某等人對馬烽同志進行政治誣陷，造成嚴重後果，應嚴肅處理。我們的意見是，應責成他們深刻檢查，給以撤職或留黨察看處分，如仍堅持錯誤，應加重處分。由有關單位按組織手續作做決定上報。三、處理確定後，可公開報導這一案件，以教育大家。」

　　但是，這個處分決定依然沒有很快兌現，一直拖到又一次「改朝換代」，新的省委書記李立功上任時的1985年，事情還擺在那裏。於是，馬烽先生不得不再次拿起寫小說的筆，給新的「巡撫大人」寫上訴書。他寫道：

> 立功同志：你好！我知道你的工作很忙。可是有件事我不得不麻煩你。這就是我被人誣告與「四人幫」有「重要聯繫」的那個案子。這事發生在1980年選舉「十二大」代表之時，因而我受到極不公正的待遇，在廣大黨員中造成了很壞的印象。對此我感到十分憤慨，曾多次向省委做過書面和口頭申訴，但長期無人問津。……之後（在中央的過問下），省紀委成立了專案組，前後花了半年多時間查證落實，於1983年12月向省委寫了此案的調查報告和處理意見。這個報告我看過，處理意見包括以下內容：給我做無問題的正式結論；給誣告者以黨紀處分；此事在黨內刊物上公佈。我對這個調查報告基本同意，對處理意見亦無異議。從此以後，我再未向黨組織提出過申訴或催促。我相信黨組織一定會按照黨的原則把這一誣告案善終的。我安心等待正式處理結果。可是等了一年零四個月，無聲無息，猶如石沉大海。案情早已調查清楚，為什麼拖了這麼長時間處理不了呢？為什麼還要繼續讓我背這個黑鍋呢？這不能不引起我的懷疑和猜測。我懷疑有人從中作梗，為了庇護誣告者，有意拖延，最後達到大事化小，小事化了，拖來拖去，不了了之的目的。如果不是這樣，那又為什麼遲遲不處理呢？當然也可能是誣告者不認罪，多方進行狡辯，諸如把誣告材料的來源推之於「道聽塗

說」相抵賴。如果以「道聽塗說」這一遁詞就可以逃避造謠
誣衊罪責的話，那麼任何誣告者都可以藉口「道聽塗說」來
解脫自己。那麼黨和國家也就沒有必要制定誣告罪了。另外
我猜想，也可能是誣告者所在的基層黨組織客觀上起了庇護
作用。根據《黨章》第40條的規定：「對黨員的紀律處分，
必須經過支部大會討論決定，報黨的基層委員會批准。」
而就這件案子來說，黨的基層組織不一定了解全案的詳細情
況，只聽誣告者的花言巧語、一面之詞，當然就不可能做出
公正、準確的決議。那怎麼辦呢？是否因此誣告者就可以不
受黨紀的處分了？在《黨章》同一條中指出：「如果涉及的
問題比較重要或複雜……縣以上各級黨的委員會和紀律檢查
委員會有權直接決定給黨員以紀律處分。」這個案子是屬於
誣告、屬於政治陷害，難道還不夠重要、不夠複雜嗎？顯
然，省紀律檢查委員會是有權直接處理這一問題的。

我知道這個案子是在你接任之前發生的。可是事到如今，我
也只能給你寫信了。望能抽暇過問一下，以利早日解決。非
常希望在省黨代會之前能有個結果。至盼！

1985年4月29日

在前面的章節〈馬烽與陳永貴的三次喝酒〉中，已經詳實地講
述了馬烽與江青的這場「交道」，下面再把馬烽講述的與陳永貴無
關的後半部分摘記如下：

……這時忽聽江青又轉了話頭：「這個張天民，真是膽大包
天，竟敢告老娘的刁狀！……。」張天民我不熟悉，去年和

孫謙在北影修改電影劇本《山花》時，曾在小放映室看過他寫的《創業》。那是一部反映大慶石油工人的影片，我們都認為很好。可聽說江青不讓放映。後來傳說張天民就給周總理寫了一封信。我弄不明白她為什麼要向我講這事。看來她對張天民非常惱火。可我對張天民並不了解，也不知道她為什麼不准這部片子上映。我只好聽著，什麼話也不敢說。我倒是對《海霞》的事捏了兩手心汗。《海霞》是北影導演謝鐵驪拍的一部影片，遭到了與《創業》同樣的命運。老謝也曾給周總理寫過信。我和孫謙都看過信的初稿，是駐北影軍宣隊一位叫惠宏安的同志悄悄拿給我們看的，主要徵求我們的看法。我倆不僅同意，而且還提了幾處修改意見。在當時的那種情況下，惠宏安敢於把這封告狀信的初稿拿給我倆看，是因為我們都住在北影招待所裏，平常相處中都已摸清了對方的政治觀點。我擔心的是，如果江青知道為《海霞》告狀的事，不只謝鐵驪和惠宏安要倒楣，我和孫謙也可能被牽扯進去。好在她一路上只是說張天民和《創業》，沒有提及《海霞》，也許她還不知道這件公案。

……江青從馬背上下來說：「大家都來參加勞動！摘花椒。」怪不得她提了個小竹籃，原來所謂參加勞動就是摘花椒。可我們什麼也沒有帶，但也只好跟著她向花椒叢走去。這裏的花椒都我在崖畔上，江青邊走邊察看，見都是空枝，有點生氣了，大聲說：「昨天我來看，結得密密麻麻，這是怎搞的？！」正好這時，大寨的郭鳳蓮提著竹籃，拿著布袋匆匆趕來了，忙笑著說：「長得好的在前邊。」她領著大家又往前走了一段路，果然發現靠近崖邊的平地上有些果實累

累的花椒叢。後來聽說，大寨幹部們昨天就知道今天江青要
來摘花椒，他們誠恐萬一把這位首長閃下崖去，吃罪不起，
因而動員婦女們很快就把崖畔上的花椒採摘完了，這幾叢是
專門留給江青來採摘、照相用的。江青看到這幾叢花椒顯得
很高興，她邊和郭鳳蓮聊天，邊提著小竹籃開始採花椒。陪
伴她的祕書、護士也參加了。這時她帶來的攝影師、《山西
日報》的攝影記者以及縣委通訊組的同志，都把照相機對準
了她們。

江青向我倆說：「我來給你們拍單人相吧，這地方有紀念意
義。」她讓我站在一個地方，她用兩隻手的大拇指、食指搭
成一個長方形的框框，看了看，讓我往旁邊移動了半步，
說：「這地方很好。」話音剛落，攝影師就把帶三角架的照
相機架好了。接著她用測光表在我臉前晃了晃說：「他臉的
顏色重，需要補光，不然沒有立體感。」攝影師立即就從手
提箱中拿出了充電照明燈，向我照射。江青說不行，需要站高
點。但山上既無梯子，又無凳子。攝影師就讓《山西日報》攝
影記者騎到馬上去打光。江青說還需要再舉高些。於是警衛
人員們就扶持著讓他站到了馬鞍上。江青這才點了點頭，很
快按下了照相機的快門。她一連拍了兩張，然後就換了個地
方，又給孫謙拍照。以前就聽人說江青愛好攝影，可不知道
她為何有興趣給我們拍單人照？後來見她給凡是調來大寨的
作家、演員、導演都拍了單人照。她隨口說：「我要把它都
放大送給主席看看。」從這句話中，我猜想是要向毛主席顯
示她已團結了一批作家、藝術家。後來她還送了每人一張集體
照、一張單人照，都是彩色的，單人照有一本雜誌那麼大。

中午回到招待所，所長通知我們，今後就去接待站餐廳就餐。如果願意搬到接待站去住，也可以。我倆都不願意挪窩，寧願吃飯多跑幾步路。接待站的餐廳很寬大，也很整潔，裏邊擺著十幾張大圓桌。我倆進去的時候，只見北京來的人已坐了幾桌。江青和于會泳幾個人坐在靠近窗戶的一桌上。江青一見我們就招呼要我倆到她那一桌去，我們沒敢貿然行動。這時只聽于會泳說：「首長要你們來坐，還愣什麼？」我們只好走過去和江青同坐一桌。各桌的飯菜倒都一樣：兩葷兩素，四菜一湯，米飯饅頭。只是江青面前多擺了四個高腳瓷碟，裏邊是一些不知名的綠色蔬菜。吃飯時候，江青要我倆嘗嘗她面前的菜，我倆沒敢伸筷子。她又催促說：「嘗一嘗怕什麼？」老孫說：「嘗就嘗一嘗。」隨即夾了一筷子放到嘴裏。江青問道：「好吃嗎？」老孫說：「寡淡！」江青說：「就是嘛。大夫專門欺侮我，說有這營養，那營養。哪裏有紅燒魚好吃！」她邊說邊伸筷子要夾大盤裏的紅燒魚。于會泳慌忙用另一雙筷子夾了半條魚，放在了她碗裏。江青就有滋有味地吃了起來。飯後我倆回到宿舍。我有點感嘆地說：「昨為階下囚，今成座上客。這不知是要怎呀！」老孫說：「鬼知道這是怎麼回事！」從和江青半天的接觸中，雖然她顯得很熱情，但我們還是有點忐忑不安。因近二年聽一些知心朋友們背後傳說，這是個說變臉就變臉的人物。她究竟叫我們來幹什麼？左猜右猜也猜不透。這就只好等待「下回分解」了。

……

全國農業學大寨會議開幕的前一天上午，王謙同志從昔陽城來到大寨，邀請江青參加開幕式。中午陪江青共進午餐。我

和老孫早早就坐到了別的桌子旁。可江青進到餐廳後，還是
把我倆叫過去了。只聽她問王謙：「吉林省委書記來了沒
有？」王謙說今天清早剛到，是一位分管農業的副書記。江
青說：「那也成。叫他馬上來見我！」她這樣一說，工作人
員立刻就去打電話。

當我們快吃完飯的時候，工作人員領著吉林省委副書記急匆
匆趕來了。他向江青做了自我介紹。江青坐在那裏伸出手來
握了握。聽說他還沒有吃午飯，就要他坐下來就餐。好在那
天吃的是水餃，服務員很快就端來了一盤新出鍋的餃子。

這時已吃完飯的王謙站起來說：「江青同志，我要先走一
步，有些重要事情去處理。」江青聽完，臉色立刻就變了，
大聲說：「難道我這兒的事就不重要？」王謙同志沒有吱
聲，站在那裏既不好走開，也沒有坐下。他向後退了一步，
兩手交叉在胸前，悻悻地靠著窗臺生悶氣。江青向正在吃
餃子的吉林省委副書記：「你們長影有個叫張天民的，竟
然告我的刁狀！這事你們省委知道不知道？」剛剛用筷子夾
著餃子正往嘴裏送的吉林省委書記，只好把餃子放到小碟
裏，回答：「事前不知道，事後才聽說的。」江青說：「你
吃，你吃。」他剛把餃子又夾起來，正要吃，江青又問道：
「你們省委對這事什麼態度？」他只好又把餃子放回小碟
裏，說：「省委對這事很重視。對他進行了嚴肅的批評！他
也做了深刻的檢查。」吉林省委對張天民是否進行過嚴肅的
批評、張天民是否做過深刻檢查，不得而知。從這位書記的
答話裏可以聽出來，他對張天民是採取保護態度的。江青忽
然扭頭問我們：「你們誰認識張天民這個人？」孫謙說他認

識，他們一塊在文化部電影劇本創作所待過，人很忠厚，很愛學習，也有才華。江青聽了未做任何表示。我覺得孫謙敢在江青面前為張天民說好話，不管起不起作用，但這精神是可貴的。

這時，只見江青站起來向吉林省委副書記說道：「你趕快打電話，給我把那個張天民叫來！」說完沒和任何人打招呼，就在護士、祕書陪同下走出了餐廳。

我和孫謙回到宿舍，心情都不好過。江青對省委書記們那種頤指氣使、居高臨下的態度，給我們留下了很惡劣的印象。今後我們要在她指示下改電影劇本，還不知要受多少折磨！另外我們也為張天明捏了一把汗，不知江青把他叫來要怎麼處置？

過了兩天，張天民來了。江青是怎麼訓斥張天民的，我沒看見。我只是在吃午飯時見江青說：「好你個張天民，真是膽大包天，竟敢告老娘的刁狀！」話說得很厲害，可態度並不兇惡。接著她又說：「你必須給老娘寫一部新《創業》！如今先跟大家一塊好好學習。」誰也沒有想到，將要發生的一場暴風驟雨就這樣煙消雲散了。大家都感到十分奇怪。

所謂跟「大家一塊學習」，實際就是一塊看電影，聽江青東扯葫蘆西扯瓢地閒聊。我和孫謙自來了大寨以後，除跟江青上了一次虎頭山外，差不多是天天跟她看電影。餐廳上面的大會議室，臨時改成了放映室，窗戶用毯子遮住了，銀幕掛在西牆上，放映機安置在門口。距銀幕三米多遠的地方擺著一排沙發，中間的大沙發是江青的專座。她看電影的時候，多半是半躺半坐在沙發上，兩條腿蹺起來搭在前面的茶几上，

茶几上還專門墊了個枕頭。其餘的人都坐在沙發後面的幾排
椅子上。我和孫謙則常常是被叫去坐在旁邊的小沙發上。這
算是特殊優待。但是我們感到很不自在。放映的影片，主要
是樣板戲。當時是單機放映，每逢映完一本換另一本的時
候，江青總要發表一段言論，雖然是東一句西一句亂扯，但
總的是說她嘔心瀝血培植樣板戲的功績。有時她興致來了，
就讓把剛映過的那一本倒回來重映一遍。大家只好隨著她
看下去，誰也不敢吭聲。除了放樣板戲，有時也放映外國影
片。這些影片都是江青點名調來的。她忽然想起哪部影片，
只要向于會泳說一聲，第二天交通員就把片子帶來了。這些
片子都沒有華語對白，但有中文字幕。從用詞造句上看，大約
是香港或臺灣譯製的。在放映中換片子的時候，江青照樣要
插話，有時是坐在那裏說，有時是在銀幕前的空地上邊散步
邊嘮叨。常常是東扯葫蘆西扯瓢。從影片的某一個場景、某
一個情節、某句對話，一下就能跳到「批林批孔」、評《水
滸》。有時候是不指名地罵一些人「穿新鞋走老路」，妄圖
復辟資本主義；有時候也提出一些問題和大家交流。可是沒
有人敢接她的話茬兒，大家都怕一句話說不對，引火焚身。
只有于會泳順著她的話音答幾句腔，這才不至於冷場。有天
上午，江青向全場巡視了一遍，忽然質問于會泳：「怎麼浩
然沒有來？」于會泳忙說：早就通知他了。前幾天聽說他因
心臟病住了醫院，昨天他又親自給醫院打了電話。浩然答應
一、兩天就來。果然，過了兩天，浩然終於到大寨來了。
浩然是新中國成立後湧現出來的青年作家。我最早是讀過他
的短篇小說《喜鵲登枝》，之後又讀過他的長篇小說《豔陽

天》。五十年代末、六十年代初，在中國作協開會時見過幾面。後來他調到《紅旗》雜誌當文藝編輯，曾找我約過稿。我和他沒有什麼深交，印象中是個本分人。「文化大革命」開始後，所有作家都被打翻在地，只有浩然不斷有新作問世。那時人們私下議論：「中國只有八個樣板戲和一個作家。」這一個作家指的就是浩然。特別是報上曾登了江青委託他向西沙駐軍贈書的消息後，人們的議論就更多了，說他是北京市文聯造反派頭頭，甚至有人指責他是江青的紅人。當時我對浩然倒沒有什麼惡感，原因之一是曾聽北京市文聯的熟人說，浩然自「文革」一開始就是「文革」組長，但他沒有整過人。江青雖然很看重他，但他頭腦還清醒，並沒有得意忘形，趁機往上爬；其二是我曾和他有過一些接觸，那是1973年春天，我和孫謙在北影修改《山花》，有天忽然收到浩然的一封信，內容很簡單，大意是說「你認識許多老作家，得便時可向他們打個招呼，不要急於搞創作」。我和老孫反覆看了半天，也弄不清是什麼意思。信封上沒有他的地址，只有「內詳」兩個字，無法與他聯繫。正好當時我認識的一些作家，大都還在「五七幹校」勞動，我也無法與他們聯繫，這事就放下了。過了不久，山西晉劇院進京演出新編現代劇《三上桃峰》。文化部的人看後認為是給劉少奇、王光美貼金的大毒草。於是把編劇、導演以及帶隊的負責人，集中起來進行批鬥。《人民日報》還發了一些批判文章。原因是王光美「文革」前在河北一個叫桃園的村裏搞過「四清」，他們說這個戲的地點改為「桃峰」是為了掩人耳目。發生了這麼一場不白之冤後，我才意識到，浩然給我寫那封

簡短的信完全是出於一番好意，誠恐一些老作家一時衝動搞創作，再栽一個跟頭。

這次浩然來大寨後，很快就主動到招待所來看望我們。那時候，不論是文化部的人，還是各個寫作班子的人，即使不是解放軍，也大都穿一身沒領章的軍裝。浩然則和我們一樣，穿的是灰布中山裝。他對我們顯得很熱情。他對「文革」前孫謙寫的《大寨英雄譜》大加讚揚。他說他是第一次來大寨，很想親眼參觀一下。於是我們就領他到村裏村外隨意轉遊。我見他走路很敏捷，臉色紅潤，沒有一點病容，隨口問道：「聽說你有心臟病？」他說：「有點，不礙事。」我說：「聽說你剛從醫院出來？」他支支吾吾地說：「是。輸了點液。于部長幾次電話催，只好來了。」老孫問他知不知道召集這麼多人來大寨是要幹啥？浩然說：「大概是要佈置新的創作任務。」他這一說，我倆倒放心了。因為江青已指名要我們修改《山花》，當然不會再有什麼別的任務落在我們頭上了。一路上，從閒聊中，我感到浩然是盡量想和江青他們拉開距離，甚至我猜想他住醫院輸液，很可能就是想躲避接受新的創作任務。

浩然來後的第二天，江青就召集所有從事創作的人開會，佈置重要創作任務。她先講了一通樣板戲的巨大成就，然後就說她現在要抓兩個重大題材的電影劇本，一個是毛主席創建井崗山紅色根據地；另一個是舉世無雙的二萬五千里長征。她說：「再過兩年就是建軍五十週年。我決心要拿出這兩部影片向建軍節獻禮！」

當時我不由得就想到一個問題：既然是向建軍節獻禮，為什麼不寫南昌起義呢？我馬上就意識到其中的情由了：寫南昌

起義就不能不寫周恩來、朱德、賀龍這些領導人，江青怎麼可能頌揚她要打倒的人呢？正在這時，只聽江青繼續講道：「毛主席教導我們『生活是創作的唯一源泉』。寫井崗山就得到那裏去深入體驗生活；寫長征就得沿長征路線走一趟。」隨即她點了幾個人寫井崗山，並指名要浩然負責。浩然說：「這是個重大題材，是一個光榮的任務。可是我不好辦，我有心臟病……。」江青說：「你可以帶個大夫一塊去嘛。」浩然沒有再敢吭聲。接著她又點名要我和張永枚、薛壽先寫長征。

我一聽要我參加寫長征，「轟」一下腦袋就大了。原因是我聽北影導演成蔭同志講：前些時候，在北京正在上演陳其通的話劇《萬水千山》。有天，鄧小平、葉劍英、李先念等幾位領導觀看了演出，並接見了作者、導演。陳其通對以前改編的電影不滿意（那是由成蔭、孫謙改編，成蔭導演的），主要是嫌篇幅太短，許多該展開的情節沒有展開。鄧說可以重拍嘛，一部放不下，可以拍兩部、三部。這就是說，那裏打算重拍反映長征的《萬水千山》，這裏江青卻正要組織人另寫長征。那樣我將會被捲入這場政治漩渦中。我覺得無論如何都要推掉這一任務。當時我向江青說：「首長不是要我們改《山花》嗎？」江青說：「改完這個再寫那個嘛！」我說：「我水平有限，恐怕擔負不了這一重大任務。要寫長征必須要沿長征路線走一趟，可我歲數大了……。」她問：「你今年多大？」我說：「已經五十出頭了。」她說：「我比你大十來歲，現在不是還在繼續工作？」我說：「我身體不好，患有高血壓。」她說：「我還患有冠心病呢！雪山草

地氣壓低，可以坐飛機過去嘛！」說完再也不理我了。接著又向孫謙說：「孫謙同志，你的任務是和張天民合寫一部新《創業》。」孫謙說：「我從來都是寫農村，對工業題材一點也不熟。連螺絲釘怎麼擰都弄不清。」江青說：「我是要你寫人物，是要你去擰螺絲釘嗎？」她說話的聲調都提高了。我見孫謙挺起脖子想反駁，忙用腳碰了碰他的腿。我知道他是個犟牛脾氣，火起來什麼話都能冒出來，萬一惹惱江青，那可不是鬧著玩的。他大約已感到了我的示意，嚥了口唾沫，隨即低下頭，s沒有吭聲。江青也就調轉了話頭。

這天我倆回到宿舍，情緒都極為敗壞。我說：「這可真是人在家中坐，禍從天上來。不知不覺就跌到一場政治鬥爭的漩渦中了！」老孫說：「我比你更慘，寫新《創業》，這不明明是和毛主席唱對臺戲嗎？」猛一聽有點胡扯，細細一想也有點由頭。《創業》是寫大慶人艱苦創業的一部電影。江青看後不讓上映。劇作者張天民就給中央寫了一封信。這次張天民來大寨後曾悄悄告訴老孫說，毛主席曾批了兩句話：「此片無大錯，可以上映。」因而江青對張天民十分惱火，可又不好公開整他，於是就要他寫一部新《創業》，以挽回面子。

我倆正在發牢騷的時候，浩然來了。他告訴我們說，江青讓于會泳盡快把三個創作組負責人的名單提出來。剛才于會泳說，晚上要找他商量。他說：「看來我是逃不脫了。二位也有被提名的可能。」老孫搶著說：「割了腦袋，我也不當！」我說：「我幹不了那差事。你能不能和于會泳說一說，別提我倆。」他說：「我盡力而為。依我看，二位還是不當組長為好。」

第二天早飯後，于會泳把我們召集到一起，宣佈了經首長批准的三個創作組組長名單：井崗山組浩然，長征組張永枚，新《創業》組張天民負責，由孫謙協助。我和老孫聽完，都大大鬆了一口氣，都暗自感謝浩然。

于會泳又向我和孫謙說：「首長要你們倆隨我們回北京，趕快改寫《山花》。」我忙說：「那，我們得回家拿點過冬的衣服。」他說：「可以，現在就走，速去速回！」

開完會，我們當即向接待站借了一部小車，匆匆忙忙趕回太原。這天正好是中秋節，但我們不敢在家久留，吃完午飯，拿了點過冬衣服，急忙往回返。因路上堵車，到大寨時已經是夜晚了。服務員告訴我們說，江青他們正在大餐廳，和大寨社員代表開慶祝中秋聯歡會。我倆去的時候，只見餐廳裏燈火輝煌，坐滿了人，每張桌上都擺著一些切開的月餅和各種瓜果。江青站在主桌那裏，像是講話，又像是和陳永貴他們聊天。只聽她說：「……就是樣板團那些跑龍套的演員，每天的勞動強度，也不比體操運動員小。生活上還不該照顧照顧？永貴同志，你是副總理，這事你要負責管一管！……」從她的語言、聲調中可以聽出來，她根本就沒把陳永貴這個副總理放在眼裏。

我和孫謙在門口站了一會就溜了出來。我們還沒吃晚飯，不想去麻煩伙房。搗開供銷社的門，買了一瓶燒酒、半斤豆腐乾，回到宿舍，借酒消愁。

大約過了兩天，江青一伙要回北京了。縣裏調集來一些小臥車、大客車，直送到陽泉火車站。沿途只見一些險要地段、交叉路口，均有解放軍站崗。陽泉火車站更是警戒森嚴。我

們登上了直達北京的專列。江青坐的車廂是什麼樣子不知道，我們一般人坐的都是軟臥包間。開車不久，忽聽過道裏有人高聲喊：「首長看望你們來了！」我們忙開了包房門，只見江青在于會泳等人的陪同下走了進來，說了幾句祝旅途愉快的話，並從祕書端的大盤裏抓了一些水果糖放在小桌上。她一個包間一個包間地看望大家，表示首長對下屬的關懷。

車過娘子關後，開始分批在餐車裏就餐。火車快到石家莊的時候，忽然停了。這裏既不是大站，也不是小站，從車窗望出去只見是一片荒地。車廂兩旁每隔十來步就有一個背槍的戰士背對車廂站在那裏守衛，遠處也有一些解放軍的遊動哨兵。我們問送水來的列車員這是什麼地方，她說是一個小站的備用線。問她為什麼停車，她搖了搖頭。我們不知這車停在這裏要幹什麼，後來從別人口中才得知江青要在安靜的地方午睡，車就開到這裏了。為了一個人睡個午覺，這不知要浪費多少人力！而且沿途各站來往車次的時刻表，必然也被打亂了。

這列專車到北京的時候已經是夜裏12點了。車停在第一站臺。站臺上照樣是警戒森嚴。幾輛黑色臥車開到前邊車廂門口，大約是接首長的。接著就由警車開道駛出車站。我們跟著崔嵬、成蔭等上了北影的接站車，匆匆到了北影。

我倆住在北影招待所裏，既不敢離開，又無事可幹。每天起來只好下棋消磨時光。過了好多天，文化部來電話說劉慶棠要接見我倆。當時劉是文化部分管電影的副部長。同時參加接見的還有電影局長亞馬。亞馬原是長春電影製片廠的廠長，再以前是晉綏邊區文聯主任，是我們的老熟人、老上

級。「文革」初期就被打翻在地了，不久前才解放出來，擔任了這個職務。因而時時處處都顯得謹小慎微。而劉慶棠雖然年輕，架子卻很大。他開門見山向我們傳達首長的兩點意見：一是劇本中要強調階級鬥爭的內容；二是趕快找幾個年輕作者參加劇本的修改工作。劉慶棠提不出人來，要我們自己提。我倆商議了一番，提了我省青年作家楊茂林、謝俊傑、郭恩德三個人。文化部立即下了調令。他們三人很快就來到了北影招待所。從此我們就在劉慶棠的「指導」下，開始了反反覆覆的修改工作。

這期間，我和孫謙都碰到過一些文藝界的熟人。他們都是「文革」中被打翻在地，後來又下鄉勞改，不久前才回到北京的。其中有些消息靈通的人士悄悄告訴我們說：他們之所以能夠回來，是因為這年春天，有次毛主席曾向鄧小平副總理講過，要抓一抓文藝隊伍。怪不得江青在大寨召集了那麼多作家、導演組織創作，對我們又是那樣的熱情！顯然，她是要搶先一步壯大隊伍，繼續維護「革命文藝旗手」的地位；我也明白了：為什麼《山花》要重拍，為什麼《創業》要重寫，因為大慶和大寨是工農業戰線上的兩面紅旗。她必須抓在自己手裏。

　　馬烽根據以上諸多情節，寫成一篇〈大寨奇遇記〉發表在《人民文學》上，這篇文章發表後的一些細節，很能看出馬烽一貫堅守的既不趨炎附勢，也不落井下石的性格特徵和他的為人處世。

　　馬烽的祕書兼司機吳孝仁在〈我知道的馬烽二三事〉一文中，對此做了記述：

2001年初，馬老在《人民文學》第1期發表了一篇回憶錄，題目叫〈大寨奇遇記〉，記述的是，1975年9月江青到大寨後，命令馬烽和孫謙也去，讓兩人按照她的旨意修改電影劇本《山花》，並要求馬烽去參加長征電影創作組的那一段經歷。文章問世後，《文匯報》、《文學報》、《中華文學選刊》和省內多家報刊紛紛轉載，在讀者中產生了很大反響。一天，馬老讓我找一份轉載〈大寨奇遇記〉的省內某報。我很快就找到了，發現這家報紙把題目改成了〈目睹江青的醜惡嘴臉〉，還專門加上了一張馬老的照片。我想，報紙大概是要吸引讀者才這樣改的。然而，馬老看了後卻說：「怪不得有人打電話給我，問我怎麼寫了一篇〈目睹江青的醜惡嘴臉〉，我還以為人家弄錯了，說我沒有寫過那樣的文章啊。原來是這家報紙把〈大寨奇遇記〉給改成這名字了。名字一改，可就跟我原來的文章立意不一樣了。我本來是要把那一段經歷如實地記錄下來，現在改成這樣的名字，就有了感情色彩了。回憶錄應當是有什麼事就說什麼事，不要從人格上侮辱人，儘管江青後來成了反黨集團骨幹，也不能故意醜化。」說完這段話，馬老叫我給那家報社編輯打個電話，轉達他的意思，並要強調，轉載文章時要做改動，就應當事先跟作者打個招呼，況且都在一個城市，也不費勁嘛。

我隨後把馬老的意見轉達給那家報社。報社領導當然知道馬老的影響力，也明白他們的做法不妥當，非常重視這件事。過了幾天，兩位負責人專程到了馬老家。當時，我也在場，以為馬老會很生氣的，要指責報社。沒想到他沒有這樣做，而是禮貌

地招待報社同志，講了自己在這個事情上的原則，尤其是以理解的態度談到：「現在辦報紙競爭激烈，都想吸引讀者，就在標題上下功夫。我在解放區也辦過報紙，了解其中的甘苦。不過，有些事情不能為了追求出奇效果，就故意搞些噱頭，隨便改變作者的意思，最起碼要跟作者打個招呼嘛。其實，這樣做既是對作者負責，也是對讀者負責，更是對你們報紙負責。」

這是事情的一方面。但還有另一方面。

1976年，那時候馬烽還住在一個小院的平房裏，在他家會客室的牆上，赫然掛著一幅16K雜誌大小的彩色照片：背景是莽莽蒼蒼的原野，隱隱約約似乎是一片花椒地，馬烽一臉滄桑神情複雜地望著前方。當年的普通百姓還沒見過彩照，在一片「黑白天地」的影像裏，這幅大彩照就顯得分外耀眼醒目。馬烽向人們介紹是李進所照的。那個年代的人都知道，李進是江青的筆名。毛澤東那首著名的〈為李進同志題所攝廬山仙人洞照〉的七絕詩，即是為李進的攝影照所題。

那時候，我正借調在新恢復的山西省文聯編輯《汾水》雜誌（《山西文學》的前身），有人不無神祕地對我說：「見過那張照片了嗎？是江青親手給馬烽拍的。」

這在當年，無疑是一份榮耀：「文化大革命的旗手」親自給一個作家拍的照。也許放在另一個人身上，拿著雞毛當令箭、拉著大旗做虎皮，就成為一份炙手可熱的政治資本。

客觀地說，馬烽當年對這件事就有一個清醒的認識。馬烽講到過江青挽他手的一個細節：也許是為了表現自己的平易近人，有一次，江青一出門就用右手挽住了馬烽的左胳膊。馬烽說：「我立

時感到頭有點大了，精神也十分緊張，真正是。她是毛主席的夫
人，是『文化大革命』的旗手，是說話落地有聲的人物；而我是被
打翻在地，剛剛坐起來的小蘿蔔頭。我真有點受寵若驚。我既不敢
甩脫她的手，又不敢靠近，只好隨著她往前走。」馬烽還說：「從
和江青的接觸中，雖然她顯得很熱情，但我們還是有點忐忑不安。
因為近二年聽一些知心朋友們背後傳說，這是個說變臉就變臉的人
物。」馬烽在「受寵若驚」的情形下，表現出的不是欣喜若狂，而
是「忐忑不安」、「誠惶誠恐」。

在當年那種詭譎多變的政治風雲中，馬烽把這張照片掛於大堂
之上，我相信，以馬烽的人品人格，絕沒有攀龍附鳳的意圖。馬
烽大概僅僅是「為了打鬼，借助鍾馗」，把照片當作自我保護的
一張「護身符」。從那個年代的過來人，大概都不難理解飽經滄
桑文化人的這一心理心態。而馬烽日後的所作所為，也證實了這
一點。

江青給馬烽拍攝的這張照片，就這樣一直懸掛著，馬烽從平房
搬到後來的小二樓新居所，這張照片仍掛在他家客廳的牆上。馬烽
夫人段杏綿毫不遮掩也不避諱，坦然地對我說：「這張照就是江青
照的。啥是啥，江青的拍照水平還是挺好的。」

政治上的風雲變幻，給人造成無止息的精神震盪。拿政治上
「翻烙餅」中出現反覆的細節大作文章，正是富有中國特色的現象。

颶風起於萍末。青藏高原上一隻蝴蝶煽煽翅膀，太平洋上就會
掀起巨大海嘯。本來現實中一件脈絡還算比較清晰的事情，一旦經
過形形色色人等的「思路」，頓時變得撲朔迷離起來。

馬烽在1984年9月中宣部召開的會議發言中，頗為感嘆地說了
這樣一番話：

「……團結問題，加強團結，不團結有幾種原因：一是歷史原因；二是運動的後遺症；三是小道消息太多，傳來傳去很走樣，也不利團結。前兩年，好像有兩個司令部發出來的話，搞得下面不知聽誰的好。希望能有所解決。團結問題不解決，會對文藝界有影響。有意見也應該按組織手續來提出，擺到桌面上來解決。」

「文革」的過來人都有一句耳熟能詳的話：「稀里糊塗站錯隊，懵懵懂懂跟錯人。」想不到歷史發展、社會進步了這麼些年，人們仍然面臨久治不癒的如何「劃線站隊」。

讓我們還是回到張光年《文壇回春紀事》中有關換屆的日記中來：

1984年5月15日　星期二　晴
……下午3時半，王蒙應邀來談，他對中宣部最近一些過分的措施也覺費解。談到作協黨組，他主張唐達成挑第一把手擔子，他願全力支持，但不參加黨組。……

1984年5月19日　星期六　多雲
上午，中央辦公廳祕書局送來「親收絕密件」（今年28號文件）：《中央書記處在聽取中組部工作彙報後提出的重要意見》，其中規定年齡已過的中央級及省、市第一把手，明年黨代會前退下來，換上六十歲以下的優秀幹部。這是個喜訊，中宣部、作協、文聯的領導班子問題都不難解決了。作協黨組王蒙不願幹，就讓唐達成幹吧。

（筆者注：當年，馬烽六十二歲，賀敬之六十歲，唐達成五十六歲。）

1984年6月15日　星期五　陰
……下午王蒙來，……我提出請他擔任新黨組書記，列入我提的名單，他堅持只同意擔任黨組組員，願全力支持唐達成。

1984年6月29日　星期五　晴（高至35度）
……王蒙來電話：賀敬之日前訪他，自訴有很多為難之處。他決定不調馬烽了，也不提自兼作協黨組書記，而勸王蒙接班。王辭謝，表示支持唐達成接班，賀贊成唐，對馮牧意見仍很大云。……

天降28號「紅頭文件」，年齡問題，成為一個救急救難的冠冕堂皇的理由。然而五年以後，當中共中央決定讓六十七歲的馬烽取而代之六十一歲的唐達成時，年齡又不成其問題了。

對於文壇這一場昏天黑地的明爭暗鬥，雖不見槍林彈雨、刀光劍影，卻也是血雨腥風、滿地雞毛。在這場逐鹿中原的較力中，唐達成終於成為勝出者，登上了全國作協黨組書記的寶座。

作協「四大」召開，此次會議上，張光年以一百三十一票、劉賓雁以一百二十八票、王蒙以一百二十七票、唐達成以一百二十一票當選主席團委員；丁玲以九十票、馬烽以九十票、劉白羽以七十三票也當選為主席團委員；而賀敬之以六十五票未能當選主席團委員。

　　1985年1月6日，作協四屆理事會第一次會議上，巴金以一百三十四票當選主席；張光年以一百二十八票、王蒙以一百二十五票、馮牧以一百一十四票當選為副主席；丁玲以八十一票也當選副主席；而最初沒有列入名單的劉賓雁也以一百一十三票當選了副主席；劉白羽卻以六十七票未當選副主席。

　　現實中的紛紜萬象，一旦經過文字的梳理，就難免落入老子「名可名，非常名；道可道，非常道」的悖論之中。

　　整個班子的醞釀到形成，是一個複雜的過程。過程由時間組成。時間是一帖發酵劑，每一個有關人都是酵母，把原本事物變得面目全非，以一種全新的面目促成。又猶如一個新生命的孕育過程，誰知道種子一般的單細胞在母體中，究竟是更多地受了父親的影響，還是母親的影響？是更多的遺傳因素還是變異因素？怎麼就裂變形成了最終的模樣？抑或是一種合力生成？融入了各種綜合因素？這大概是又一個神祕的生命起源之謎。

　　對於這次中國作協的「四大」，「好得很」和「糟得很」兩種極端評價綿延了二十年。

　　馬烽在我對他的訪談中說了這樣一段話：

　　「那時，張光年是作協的黨組書記，開會前，就找胡耀邦，對胡耀邦說，他們籌備組拿出來的這個名單，這是指令性的還是參考性的？胡耀邦說，無效性的。張光年拿著一份名單，是中宣部籌備組提出的名單。張光年專門問，指令性的，當然要執行，參考性的嘛，當然無效了。胡耀邦也弄不清作協的宗派，就來了個無效性的。他就說，總書記說了，中宣部籌備了八個月，他一腳踢翻，自己重新拿了個名單。他就和新起來的混成一伙子了。所以，我就連候選人也不是

了，原來是候選人。就是因為他這次第四次作代會派性搞得太明顯了，到什麼程度呢？就是把原來的副主席保留，只進不出，當時他下面的那些人，劉賓雁，張賢亮、王蒙活動能量也大呢，最後三個原副主席落選了：賀敬之、劉白羽、歐陽山。三個老作家，三十年代的作家，後來在抗日戰爭時期，解放區都是有貢獻的人才能到這個位置。丁玲差三票落選。如果丁玲要落選，那更要驚動中央。他們還做了件什麼事呢？這些人落選以後，在《人民日報》上公佈了選舉得票數，這從來都沒有過。要丟丟丁玲的醜。你看看，人家得票多少，你幾乎落選。」

當年的中央書記處書記、中宣部長鄧力群，二十年後在他回憶錄《十二個春秋》中，還列出這樣的章節小標題：「作協四大開糟了」。他在書中有這樣的文字：

> 1984年12月29日至1985年1月5日，就按著（胡耀邦）「三個失誤、兩個不提、一個無效」這三句話的指導思想，開了一個作協第四次代表大會。結果會議開得一塌糊塗。會議選舉的結果是，巴金當選為作協主席，他是老作家，黨內沒有更多的意見。劉賓雁當選為第一副主席，成了排在巴金後面的中國作家協會領導。
>
> 李先念同志的女婿是部隊作家，參加了這個大會。回去以後向先念同志反映了大會的情況。先念同志後來對我說，這個會實際上是一個反黨的會。結果弄得胡耀邦自己也感受到闖了禍了。而夏衍卻說：這次作協代表會議，是文學史上的「遵義會議」。
>
> 作協的四大混亂情況影響到文藝界其他一系列會議。1985年4月18日，中國劇協第四次會員大會在北京舉行。當時我出

席了開幕式，還講了話。習仲勳、宋任窮、喬石也出席了。在開會過程中，吳祖光說，提出清除精神污染是中華民族的恥辱。由於吳祖光在會上大鬧，弄得趙尋幹不下去了。劇協的會也沒開好。

邵燕祥對「四次」作代會做了這樣的評價：

「……說是自由化的會，其實是最好的一次會。民主氣氛特濃。以後批判這次會，說的是劉賓雁，背後指的是胡啟立、胡耀邦。有政治背景，那就不是文藝能說清的了。……當然，這就讓包括胡喬木在內，賀敬之、劉白羽恨之入骨。後來在批評胡耀邦的生活會上，鄧力群做了長達六小時的發言，很大一部分是對四次作代會的批判。用他們的話說就是群魔亂舞吧，完全是在胡耀邦的縱容之下。鄧力群批判作代會的這一部分，就形成了1987年的中央8號文件，在這之後，一直到張光年去世，一直致力於恢復四次作代會的名譽。無論說左右之爭、文藝觀之爭，一直成為文藝圈一大話題。中央到現在也沒明確表態。後來張光年想通了，就發表我的日記，算喊出我的聲音。」

不管對作協「四大」如何評價，上層第一次調馬烽入京的精心謀劃，成為無法實現的「馬歇爾計畫」。

1987年3月，中央文件傳達，中顧委的老同志開了幫助胡耀邦的生活會。中顧委批評了黨的總書記。大家明白了：胡耀邦同志

「違犯黨的集體領導的原則，在重大原則問題上的失誤」，隨之，接受了他辭去總書記職務的請求。

再隨之，1987年5月中顧委又分別召開了幫助于光遠、張光年的生活會。

將來的人們恐怕越來越難以明白，中顧委算個什麼機構？為什麼要以中顧委生活會的形式幫助胡耀邦，繼而又幫助張光年？中顧委應該說是小平同志獨創，是小平同志對馬列主義、毛澤東思想在新時期的發展。為了實現黨的領導幹部年輕化，同時又能妥善安置因十年動亂而耽擱了「青春歲月」的老幹部，小平同志設置了這麼個特殊機構。以示「傳、幫、帶」，它的地位和作用不言而喻。所以才有了老同志幫助胡耀邦的生活會，也有了中顧委幫助于光遠、張光年的生活會。這也算是社會主義初級階段的中國特色吧！

馬烽從山西趕到北京，參加了中顧委這次幫助張光年的生活會，他回憶了會上的一些情況：

「第四次作代會引起眾怒，大家都向中央告狀，張光年你，那時周揚已經住醫院了，實際上就是他接上周揚的指導思想，接上這派性，所以主要是批評他。在這個會上，大家都發言，我也發言，伍修權很贊成我這個發言。（我插話問：「這是個什麼會，還把你從山西通知去參加？」）這是中顧委的生活會。內部批評張光年，是幫助性質的。歐陽山是從廣東調去的。賀敬之就是中宣部的。我發言主要說什麼？我說光年同志對工作上說，我是尊重的，人家和我沒有任何利害關係。要別人說他，不就是寫了個黃河大合唱嘛，我說，這首歌詞就是劃時代的。任何人，你就是寫出長江大合唱來，你也壓不倒黃河大合唱。因為當時的情況、當時的地點寫的，整個反映了中華民族的那個氣勢、那個精神。但是你說我是丁玲

的人，這個文件我也看到了。這就有點過火了。我是誰的人？我是支部書記，我是黨組織派去的。我說，我們黨內，我們文藝界派性太厲害，我們好多精力內耗了。我們文藝界三十年代從上海弄起，弄到延安兩派，再弄到北京兩派，『文化大革命』都打倒了，都受了罪了，這就應該是醒悟過來了。可是打倒『四人幫』以後又復活了。我說這樣下去，不是別人把我們中國文藝界打垮，是我們文藝界黨員自己把我們自己打垮了。我就發了這麼個言，伍修權說，馬烽這個話說得還是有道理的。」

中顧委幫助張光年的生活會把馬烽從山西調去，是頗有深意的。陳丹晨說：鄧力群認為，幾次反對資產階級自由化、清除精神污染，最後都走了過場，根本原因就是沒有在組織上採取措施。這次是下決心要來真格的了。但後來為什麼又沒能實現呢？這就涉及到趙紫陽1987年在全國整黨會上的講話了。是趙紫陽煞了車，扭了一下方向盤。

關於趙紫陽與鄧力群的這場「鬥法」，鄧力群在他的自述《十二個春秋》中有一家之言。

總之，馬烽第二次進京的呼聲，「只聽樓梯響，不見人下來」，很快又歸於平靜了。

這才有了1989年，馬烽第三次進京的實施。

# 馬烽非蜂本無「刺」

原中宣部副部長、中國作協前黨組書記翟泰豐在〈永遠難忘人民作家馬烽〉一文中，對馬烽1989年上調北京做了回憶：

> 1989年冬，那一年中央決定調他到中國作協任黨組書記，中宣部領導要我通知他盡快來京，我立即打電話到太原馬烽同志家，轉達了部務會議的精神，然而他聽了似乎有些驚訝，只支吾了一聲什麼，我沒聽清楚，但很快他就以緩慢而認真又不無尊重的口吻表示「謝謝組織上的信任」，接下來又為難而誠懇地說：「我身體一直不好，又沒有能力擔任這個職務，請組織上另選合適的同志。」我雖然知道馬烽同志確實長年患哮喘病，仍然再三勸說，但全然無效。不久，中央正式下達了馬烽同志任中國作協黨組書記的通知，我再次奉命通知他時，他雖仍有勉強之意，但卻立即表示：「既然是中央正式決定，同志們和朋友們又支持我，我就服從中央，服從大家。」
>
> 到職後，由於大家都知道的種種原因，工作上困難多多，但他總是從大局出發，關心同志，化解矛盾，妥為處理各種複雜問題。

馬烽夫人段杏綿向我介紹說：「老馬他就不想去。那麼多人都捲在了裏面，去了很不好弄。唐達成呀、馮牧呀，都是多年的老熟

人了，去了就涉及到處理人，老馬他不想插手這事。其實，賀敬之早兩年就有調老馬去的意思，老馬都推了。1983、1984年那陣子，賀敬之還讓老馬到山東、河北、天津幾個地方跑了一圈，說是搞調查考察，那老馬去了，那沒什麼，還能見見老朋友。」

馬烽是這樣向我介紹了他走馬上任北京的情形：

「這一次，調我到北京去，唐達成已經免職了。沒書記了才把我叫去，中宣部非叫我去不可。我是不去，我知道北京那水深淺。當時調我的時候，我正在西藏。西藏開第二次文代會，文聯要派一個代表團去祝賀，必須派一個副主席帶隊，我是文聯的副主席。他們說西藏文聯的主席才旦卓瑪也是文聯副主席，還不得派個副主席去？正在那時候，中宣部打電話非讓我去不行，說你回來先到北京來，中宣部要找你談話。我是不去北京，難著呢，我又沒那本事，人家說那你回去考慮。我回來考慮呢，中央文件下來了。中央政治局常委會第幾次會議同意中宣部中組部提議，報得調我、調瑪拉。我這麼個小蘿蔔頭，中央政治局常委定的，這才知道反對也白反對。後來我給中組部打了電話，我說我也不要房子，我家屬也不去，我行政關係也不去。……。」

我不會忘記與馬烽告別時的情形。

馬烽臨去北京之前，在資料室與作協黨組的一次「座談會」，我印象很深，在那次會上，馬烽說了這樣的內容：「二次調我，二次都給堵了回來。這次是第三次了。中國有句俗話，事不過三。把我馬烽當成了什麼人了？我還就有點嚥不下這口氣，我還就是賭了這口氣。」馬烽說得有點激動起來，拿茶杯準備喝水……突然目光落在了我身上。就是一瞬間，也許他意識到這是去取而代之唐達成；也許他聯想到我與唐達成的「忘年交」關係，也許他回憶起那

年我陪同唐達成去他家的情景；也許他什麼也沒想，只是我「觸景
生情」，想入非非了。但馬烽的臉部分明有一點微妙的變化，一點
只可意會難以言傳的變化。當他放下茶杯時，嘴裏已轉換了話題，
換成他慣常的嘻笑幽默的話語。

　　馬烽還向我講了他到北京後，面臨「雙清」處理時的一些情形：
　　「我去北京時，已到1989年底了。那次，黨組書記還發表聲
明呀什麼的，這就到怎麼處理他們的問題。我也看了那些材料，你
黨組書記管它那些事幹什麼？我說你這實在不該呢，跟上他們鬧
什麼呢？是共產黨派的黨組書記麼。我去他家看他，我這新來的
黨組書記還不能看看人家舊黨組書記？犯錯誤也得了解了解情況了
吧？後來在這個問題的處理上，他們都怪罪瑪拉。他去得早，7月
批判時他就去了。我是12月才去。瑪拉是守住一條，中央有具體規
定，很細緻，哪一級，什麼問題，該怎麼處理。按這個面下來，作
協有百十來號人要處理。我因為過去搞過這，叫『甄別』工作，搞
肅反的時候。三查，組織些人查，打成特務什麼的，最後還得給人
家落實、平反。許多都是似是而非、以訛傳訛的。我說這個事不能
熱處理，雖然中央有文件，中央也沒有說哪個人非處理不可呀。但
唐達成，我說這個人這一輩子也夠倒楣的了，打右派，弄半天，翻
過來折騰去的，即便工作中有缺點和錯誤，但是這個事呢，再栽一
下跟頭，我說他就吃不住了。怎麼處理，我說檢查是必須檢查，但
是怎麼辦，完了得給個處分呀，處分後就完了？這個我得替人家考
慮呀，都是熟人呀，人才，何必呢？我找他談，主要說這個事。我
說，達成，咱們也不是什麼外人，都還熟悉，我把底交給你，你是
非受處分不可，但是有個問題，你受處分，要怎麼處理你，受上個

處分下來，以後工作怎麼安排你，你是副部級，現在弄個副部級容易啊？很不容易的。我說你就，因為級別不是能保存到最終的，按職務來，我說你呀，乾脆退休算了。退休呀，這個副部級的待遇，我是從這個方面來考慮。你是搞理論的，你就寫你的理論文章就完了嘛。在這上面，我確實替他動了些腦筋，退下來，你總不能不讓我享受原來的待遇吧？再幹也幹不了幾年了。唐達成覺得我這個替他考慮的還可以。（馬烽在這裏長舒一口氣，笑了。）」

「這個事，我就必須和人家通氣，因為瑪拉和張僖，人家是清查組的正、副組長，他們對唐達成的印象也不很壞，這個人還是能幹，也還幹過點事，就是覺得他跟上個張光年，做得有點太過火了。我說，在那種情況下，他不聽張光年的聽誰的？我說你到了臺上，也得聽人家的。一個就是鬧翻了，一個就是聽人家的。就這麼兩條。他們兩人也還，的確我得說服人家兩個人呀。張僖也可以，他說，達成還是有他的好處呢。跟上丁、陳問題，還倒過楣，所以他們也同意。直接報到中宣部，徵求賀敬之的同意。賀敬之對唐達成印象也還可以，但是後來就是有一段，覺得他跟上張光年，賀敬之這個人呀，畢竟是詩人，他人情味還是重的。我和他一說，他就說你們覺得這樣好，我同意，只要王忍之沒意見就行。他去做得王忍之的工作。所以，我們案前操作也是做了些工作的。……。」
（說到這裏，馬烽又一次開懷大笑，頗有如釋重負之感。）」

馬烽還說：「最難的事是處理人。按照中央的『清查文件』，中國作協挨上受處分的人是九十九個。總共一個二百多人的單位，一個傢伙處分三分之一還要多的人，以後還怎麼開展工作？可是不處分又怎麼辦？真是個兩難的事。我是一把手，大主意得我拿呀。我說，咱們不要著急，咱們冷處理，他們催他們的，咱們拖咱們

的。我心裏也沒底，就與社科院的郁文同志聯繫，他是晉綏的老領導了，聽聽他的意見。他也認為，知識份子問題比較複雜，還是溫和點好，急急忙忙處理，鬧不好，將來又要糾正。這樣的教訓還少嗎？是呀，我親身經歷的教訓就很不少。於是，我就做了一個細緻的調查分析，發現有些人就不應該給人家處分。比如一位老作家，人家跑來叫他簽名，他說我是黨員，這得問問黨組，黨組讓我簽我就簽。人家說問什麼黨組，這個聲明就是黨組書記親自起草的！他說既然是這樣，我當然就簽。還有些同志不了解外面的情況，或是出於好奇，跑到天安門看熱鬧，像這樣的情況就要正確對待，不能把政治大帽子亂扣，必須慎之又慎。結果，作協最後受處分的人數只有八名，其中一名還是中央直接處分的。但是當時的工作不好做，壓力也大，有人向上邊告我的狀，說我是『右傾』，中央還派人來找我談話。現在看來，這樣處理還是對的，至今沒有留下一點後遺症。」

馬烽說過自己參加「甄別」工作的體會：「最後，對那些留在延安參加『甄別』的原犯人，保安處決定，由他們本人『甄別』自己，給自己寫出結論，再交保安處三科審閱後，本人簽字定論，到1946年上半年，被關押的大部分人基本『甄別』完畢。」馬烽和瑪拉沁夫在「雙清」中的做法，讓受處理的人自己填表，自己說存在什麼問題。這是否是借鑒了當年「甄別」時的經驗？

在我對丁東的訪談中，丁東說了這樣一番話：「對馬烽，我和唐達成也探討過。對馬烽，我還是持正面評價。鄧力群他們把馬烽調回來是讓他整人。結果馬烽自己躲著，往山西一躲。出國他回來了，參加誰的祝壽他參加，起碼他沒參與整人。上面還沒放話，他

就宣佈運動到此結束。這也就可以了。唐達成對馬烽沒說什麼,他
是說這個瑪拉沁夫做得太魯莽,人們都是對瑪拉非常不滿。我說:
人們感覺到馬烽做到這樣,已經是絞盡腦汁,下了很大技巧了。不
管怎麼說,這件事讓鄧力群他們是很失望的。本來,他們早就想把
馬烽弄回來,結果讓趙紫陽給擋回去了。趙紫陽下臺,他又給弄
來,本來想馬烽來一定會把這些自由化的人好好的收拾一下。馬烽
的特點就是我不整人、我不害人,馬烽人家往後稍,也就可以了,
也不能太苛求人家。因為從馬烽的思想觀念還是屬於左的,馬烽不
願意整人,從做人的觀點說,也無可非議。人家的觀念和自由化的
觀念是不一樣的,鄧力群他們知道他的觀點,所以用他是借他的手
整人,但人家馬烽不上手,不像瑪拉沁夫,非要報這一箭之仇。」

　　在我的走訪中,中國作協許多經馬烽之手受到組織處理的人
都表達了這樣的觀點:在當時那麼一個大背景下,馬烽能堅持實事
求是,確屬難能可貴,十分罕見。做到不整人,與其說他有政治遠
見,不如說他是心地善良,天性使然。所以人們事後只要提到他,
總是說:你可以說馬烽老腦筋,說他的思想觀念基本有點左,但你
不可否認,馬烽是個關鍵時候不整人的好老頭。

　　走馬上任伊始,有一個如何解決《人民文學》領導班子的問題。
　　馬烽對此做了這樣的回憶:「這時出來一個具體問題:《人民
文學》要復刊,誰來當主編?原來的主編劉心武已經捅下好幾個漏
子,不能再幹了。他們要我來兼任。我表示堅決不幹。原因嘛,一
個是身體不好,年歲大了,黨組這一攤子就夠忙活了;二是當這麼
一個全國性刊物的主編,自覺聲望不夠、經驗不足,我就從來沒有
編過這樣的文學刊物。我說北京有的是人,劉白羽、魏巍都是合適

人選。賀敬之說魏巍另有任用，而劉白羽是堅決不幹。我說他不幹就行，我不幹就不行？我跟賀敬之是熟人，什麼話也敢說。賀敬之說，那好，你去說服劉白羽，他幹你就不用幹，他不幹你就得幹。於是我就去找劉白羽，說話用了點技巧。我說，你是老同志了，對我的工作是支援還是不支持呀？他說：支持支持。我說，既然支持，《人民文學》的主編就非你莫屬，從東北調來的程樹榛同志年輕，一時恐怕威望還不夠，大家都想讓你幹。接著我又講了講我的情況、難處。經過一番協商，他答應先掛個名。說服了劉白羽後，我找賀敬之通報資訊。他不信，說不可能。我說你打電話問問。他一打電話在，證實了。我這才算把《人民文學》主編的職務推掉了。」

程樹榛在〈深切懷念馬烽同志〉一文中，對此也有記述：

1990年年初，我意外地奉調來京工作，而第一個找我談話的就是馬烽同志。他當時是新上任的中國作協黨組書記，臨時安排住在原作協招待所（現在的魯迅文學院內的一棟房子）。我來京後恰恰也被安排在同一層樓他的隔壁。當我來到住地和他見面時，真有點喜出望外。稍事安頓，他便親自到房間找我談了話，說明調我來京的目的和工作安排。一聽他說要我到《人民文學》主持工作，我感到非常惶恐，覺得這個擔子太重了，自己難以勝任，當即向他表達了我的顧慮。他聽後沉思了一會兒說：我理解你的心情，其實我和你一樣也不想來挑現在這副擔子。但是，我們是共產黨員呀，必須聽從黨的分配。現在組織需要我們做這個工作，怎麼能夠不服從呢？如果要我們馬上到西藏或者做更艱難的工作，

不是也得去嗎？至於工作中的困難，那一定會有的，努力克
服就是了；你既然能夠主持一個省作協的工作，也一定可以
幹好現在的工作。組織上調你來也是經過認真考慮的（中宣
部的領導還要找你談話的）。隨後，他又詳細地給我擺了擔負
這個任務有哪些有利條件和不利條件，以及應該注意的問題，
一再強調說，你要多請教劉白羽同志，他德高望重，經驗豐
富。看來，他為我想得很周到。我還能說什麼呢？只是對他
說：您以後得多多幫助我呀！他笑了笑說：那還用說嗎？
過了幾天，他和時任黨組副書記的瑪拉沁夫同志，親自陪同
白羽同志和我到《人民文學》編輯部與大家見面。在這次見
面會上，馬烽同志除了著重介紹了白羽同志外，還向編輯們
說：程樹榛同志的人品和文品都是很好的，也是有能力的，大
家要多多支援他的工作。短短幾句話說得我心裏熱辣辣的。
在此後的工作中，我遇到了很多困難，比我當初想像的還要
嚴重，可謂內外交困，矛盾重重。由於有白羽同志作後盾，
有馬烽同志的鼎力支持，使我有足夠的決心和鼓足勇氣去克
服那些困難。特別是和他「比鄰而居」，我可以很方便地去
向他「訴苦」並尋求解決難題的辦法。只要我有所求，他總
是真誠地幫助我出主意、想思路、找辦法，從來沒有表現出
半點厭煩和推諉的情緒。最令我感動的是，每一期刊物出來
後，他都要認真地翻閱一遍，然後把我叫過去，詳細地講述
他的看法。每發現新人佳作，他會高興得喜形於色；對傾向
不好的作品，他也毫不客氣地指出來；刊物有進步，他給以
鼓勵，對不足之處，則具體地提出改進意見，從不說模稜兩
可的套話，打似是而非的官腔。他特別囑咐我：《人民文

學》一定要辦成具有中國作風、中國氣派、人民群眾所喜聞
樂見的刊物，要博采眾納，廣泛團結全國各個方面、各種流
派的作家，發表各種風格的作品，不能憑編輯個人的喜好來
取捨稿件，搞成「一家之言」。他還舉例說，比如我最愛吃
山西的麵食「拔魚兒」，但絕不能讓別人也隨著我吃這個玩
意！一定要百花齊放，千萬別辦成某些團團伙伙或小圈子的
園地——「黨性」不允許這樣做。針對當時組稿難的問題，
他希望我們編輯部的同志，要「禮賢下士」，登門約稿。他
說：精誠所至，金石為開，誠心到了，會感動「上帝」的。
根據他的這些指示，我們去做了，果然很快地收到成效，從
困難的境地走了出來，刊物受到了讀者和作家的普遍歡迎。
他們說：《人民文學》終歸是人民的文學。

　　前任《人民文學》主編劉心武也向我講述了這次變動過程中馬
烽的做法：

　　「馬烽是個很好的人，我把他看成老師輩。他找我談話，很嚴
肅的事情，他談起來很親切。他是這麼說的：『我們的關係不是單
純領導和被領導的關係。還有另一層關係，你是主編，我是作者。
我的稿寄給你，你發了頭條。』你聽聽，他就那麼純樸，絲毫沒有
殺機在裏面。看他那副純樸樣，我直想笑，可我憋住了。怎麼能笑
呢？我是一個接受處理的人。」

　　前屆黨組成員從維熙也向我講述了馬烽在這一時期的一個細節：

　　「我先跟你談談瑪拉。那時，他到黨組當副書記，剛任命。他
和馬烽到我家裏。馬烽先來，我把鐵門一開，就讓進來了。他說瑪

拉還要來，我說，那就恕我不予接待。他說，維熙，那不好吧，我們
都在一個黨組。我說，談公事有談公事的地方，請原諒，請你現在就
給瑪拉打個電話。他說，那不行，他的車已經從宣武門那兒出動了。
來不及了。馬烽下去堵他，沒堵著。他來了，這門開了一半，他說，
維熙，你們家很難找，就這個意思吧。我說，咱們談公事到辦公室，
我不能在家裏接待你。我就把鐵門一關。後來吳祖光給我打電話，
他說，維熙呀，北京有一條河，你知道嗎？我說，什麼河？他說，
有條叫拒馬河。我沒想到這個事，我說什麼拒馬河？他說，就在團
結湖公園附近。我說京郊有條潮白河。他說，拒馬河，你不是把瑪
拉關在鐵門外面了嗎？那當時瑪拉是非常尷尬的。他氣焰又盛，我不
買他那份氣焰。當然那時候他是重權在握呀，整了那麼多人，我也是
其中之一。我對馬烽說，我在山西那麼多年，你對我很多幫助，我
是永遠牢記在心。但是有些大是大非的問題呀，馬烽同志，你作為
這一屆的黨組書記，我作為一個黨組成員，我有的話不跟你說吧，我
如鯁在喉。說吧，又怕是對你不敬。我說，瑪拉的好多所作所為，
你馬烽怎麼不說一句話。他說，把我安排在黨組，實際是輔佐他。
我說，說一句更直接的話吧，是不是傀儡呀？我就跟馬烽這麼說。
當時馬烽的愛人杏綿，是從北京出去的，我們開第一次創作會議的
時候在一起。杏綿是比較溫和的人，反正在我眼裏是比較好。杏綿
說，你們倆快別這麼說了，再這麼說下去，傷和氣了。」

在我對馬烽的訪談中，他還給我講到他為唐達成出主意：為保
留級別和待遇，乾脆辦理了離休手續。按說，這是馬烽一片苦心，
是設身處地真心為唐達成考慮。馬烽為此主意還頗為自得，在與我
談到時喜形於色，還說：「達成也認為我是為他著想。」

　　唐達成自己在給中央打的辭職報告裏也提到：「我年逾花甲（今年已整六十一歲）經過這次較大的手術，自覺體力、精力大不如前」，「根據我身體的實際情況和年齡，故懇請中央允許我離休」。

　　馬烽剛到北京，唐達成還為辭職一事，專門給馬烽寫了一信：

　　馬烽同志：

　　聽說您已來作協主持工作，非常高興。我衷心地歡迎您來作協。其實五十年代您就在作協，所以也可以說重新回到了老單位。而且無論就經驗、思想水平還是文學聲望而言，您確實比我更適合擔任黨組領導任務。近年來，由於我的水平與能力，工作中有不少缺點和錯誤，我深感內疚，今後將加強學習、提高認識，使自己跟上形勢的發展。9月間給中央的報告中，我除提出辭去作協黨組領導工作外，還提出辭去常務書記的工作，並曾向當時的黨組寫過報告。現中宣部領導已提出建議瑪拉沁夫同志擔任常務書記，我想為了便於他的早日工作，似以盡快徵求作協主席團意見，免去我的職務，任命瑪拉沁夫同志的工作為好。而且我因手術以後，至今仍未完全痊癒，遵醫囑沒有上班，也頗為不安，如能盡早解決，我想對工作更為有利，望您給予考慮。多年來在山西得到您和西戎、胡正諸同志的關懷，1978年回京時，更得到您的大力協助，衷心銘感，始終不忘。今後也將盡力支持您的工作，務請放心。本應去看您，因病體尚未復原，尚望鑒諒。順此即祝

　　新年好！

　　　　　　　　　　　　　　　　　　　唐達成1989年歲末

然而，當中國作家協會幹部部真把一紙「中共中央組織部（90）幹任字621號，關於唐達成同志離職休養的通知」送到唐達成面前時，唐達成還是惆悵了、惘然了。

他在「國發（1983）142號國務院文件」中，在「可將他們的退休年齡延長一至五年」，「男同志最長不得超過六十五週歲」的下面劃了粗粗的線條；

他還在「中組發（1988）9號中共中央組織部人事部文件」的第三條「延長離休退休年齡的高級專家」一條上，也劃出粗粗的線條。

唐達成的夫人馬中行說：「唐達成對這麼做很不滿。馬烽年齡六十七也超過了，比我還大，怎麼沒讓他退反而讓我退？」

當雙方一旦形成一種嚴酷的政治對峙的局面，恐怕已經很難用人情來調和了。

# 馬烽題詞：朋友相交誠為貴，<br>無謂糾葛忍為高

馬烽給我題寫過一個條幅：「朋友相交誠可貴，無謂糾葛忍為高。」

上世紀九十年代中，當馬烽從中國作家協會黨組書記任上卸甲歸來的時候，我與焦祖堯的關係正處於緊張階段，與韓石山也因為一些雞零狗碎的事情而產生了矛盾。我曾想，這大概是馬烽對我的一種勸解。

後來我發現，在馬烽的臥室裏，有一幅條幅裝在鏡框裏掛了好幾年：「朋友相交誠為貴，無謂糾葛忍至高。」幾乎是大同小異的內容。

我明白了，這是馬烽對自己警世的一句格言。

直到馬烽去世後，段杏綿在臥室裏張掛的一個鏡框，裏面是這樣的字詞：「寧耐是忍事第一法；安詳是處事第一法；涵容是待人第一法；謙退是保身第一法；清靜是養心第一法……。」

馬烽的晚年，對「文化大革命」那場浩劫有一些回憶。他對自己所受的磨難，大多取一種大度寬容的姿態，他在多次場合說過類似的話：「我們自己所受的苦難，與國家經歷的苦難相比，實在算不得什麼。」馬烽還說：「當我們的母親做錯了什麼事情，我們總是家醜不可外揚，回到家，悄悄地勸勸母親。有誰會跑到大街上去大喊大嚷，揭自己母親的短？」

對於「文革」初期充滿不實之詞和過激言論的大字報，馬烽寬容地說：「群眾運動不會溫良恭儉讓，為了黨的隊伍的純潔，個人受點委屈沒什麼，要相信黨、相信群眾。就是大字報貼到我鼻子上，我也會掀起來吃飯。」

但是，馬烽對於那些「頭上有角，身上長刺」的造反人物，卻流露著難以抑制的反感。讓我們看幾段馬烽的此類文字：

> 第一個遊街的是我。……
>
> 遊街的那天早上，我被推上了一輛大卡車，將早已準備好的大牌子給我掛在脖子上。車一開動，全機關的人都跟在後頭上街。還特別將我的妻子段杏綿也拉出來跟上，對她是一種羞辱，對我是一種精神折磨。遊街回來，我的情緒壞透了。
>
> 又一個遊鬥日。給我脖子上掛著一塊大牌子，上寫「反革命修正主義份子馬烽」，名字上還用紅筆打了個「X」。造反派們推推搡搡地把我拉上一輛大卡車，站在前面的凳子上，然後就呼喊著口號，開始遊街示眾。那時正是數九寒天、滴水成冰的季節，風吹在臉上像刀割一樣，鼻子和耳朵很快就麻木了。卡車不停地顛簸，腳下的凳子不停地晃搖，我的兩個膝蓋不由自主地在馬槽上碰撞。等遊完街回到家裏的時候，兩個膝蓋又紅又腫，緊抓馬槽的兩隻手也凍得伸不展了。更重要的是精神創傷，心裏充滿了屈辱和憤慨。
>
> 在我的記憶中，挨鬥最厲害的一次，是在柳巷的山西大劇院。那是由整個山西文藝界造反派組織的批鬥會。省文聯

被鬥的是我和趙樹理兩個人，省文化局是賈克和張煥等人。我們四、五個人一溜排跪在舞臺上，每個人由兩個造反派押著。他們一人一隻腳踏在你的背上，一人一隻手揪住你的頭髮，另外的一隻手則扭著你的胳膊，將你整個一個人弄成個「之」字形，非常難受，一會兒功夫你就汗流不止，渾身疼痛。我緊挨著趙樹理，聽見他喘得很厲害。我也快出不來氣了。

這次批鬥真狠，我們幾天都緩不過勁來。後來這樣的批鬥就沒完沒了的了，誰都要跑來鬥。其中不乏借批鬥而洩私憤，或要達到個人野心者。比如有個老作家某某。他原在中央文講所當過處長，後來要從湖南往回調，結果天津不要他，河北不要他。跑來求我幫忙，我找了王大任說情，才算把他調到山西文聯。「文革」中他居然恩將仇報，也造起反來，審問我和西戎，追問我們和丁玲、田間是什麼關係。我說，你也在文講所待過，你還不知道？他向造反派吹噓說，江青要將他的小說改編成樣板戲了，借此抬高身價。他的野心無非是：打倒西、李、馬、胡、孫，山西就該他上臺了。

1967年上半年，基本上就是亂批亂鬥，誰都可以來造反、抄家、搶倉庫、搞批鬥。大的批鬥會我經過兩次，都是在五一廣場，都是當陪鬥。一次是鬥王大任，我和趙樹理當陪鬥。趙樹理是從太行區出來的，與王大任是老關係；我則是王大任比較看重的人，關係也不錯。另一次是鬥文教副省長王中青，他與趙樹理是老戰友。奇怪的是，鬥王大任那一次是晚上，臺上還坐著一個日本人。前半年最厲害的批鬥會之一，

是在省委黨校進行的。那天下著雨，人鬥得狠，尤其把趙樹理同志折磨壞了。

這年的後半年，山西省革命委員會成立了。文聯機關派來了工宣隊、軍宣隊。我們以為這下可算熬到頭了。想不到工宣隊、軍宣隊更壞，正兒八經整開人了。工宣隊有三、四十個人，其中最野蠻的是鐵路大修隊那幾個掄大錘的，打人手狠。軍宣隊有七、八個人，最壞的是他們的頭頭。這個人懂得文藝，他原來認識我們，一見面就稱呼老師，不料這次一進來就大變臉，將我們關進牛棚（南樓小房子），一個一個整我們，對趙樹理、李束為和我整得特別兇。組織人打我們，白天不打，晚上把燈一拉，就叫造反派打我們，拳打腳踢，揪耳朵，有時候也亮著燈打。有次打得我走不回牛棚，牙也打掉了，渾身都被汗水濕透了，是由工宣隊員架回去的。牙打壞了不能吃飯，炎症很厲害，他們才讓工宣隊員押著我和趙樹理去看病。趙樹理年紀大，被打斷了肋骨，折磨得更慘。

到了這年冬天，造反派之間開始打派仗，便將我們幾個趕到鍋爐房燒暖氣鍋爐。剛開始幹不動這麼重的活，燒不起這麼大的鍋爐。工宣隊就又訓又打。停爐後還得爬進鍋爐清理，弄得全身都是黑。

馬烽晚年，在寫作之餘，作為消遣，偶爾也揮墨作畫。他畫過一幅《仙人球》，馬烽在畫上題字：「刺兒頭上浮白雲」。

　　評論家李國濤對馬烽的書畫作過評議：

　　「馬烽是當代重要的小說家。他的小說我都讀過。我研究過馬烽的小說。這些年他寫得少了，倒喜歡起揮毫筆墨，作起字畫來了。他的字我不敢恭維，以為太拘謹，或者說是呆板，鋼筆字、毛筆字都如此。馬烽說，他初到延安，在沒開始小說創作以前，他學的是美術專業，天天在街上寫標語，做宣傳鼓動。我想，也許是寫標語把字寫成『美術字』的樣子了吧。那幾年，馬烽畫了不少畫，不時有新作替代舊作。馬烽每有新作，我總要品頭論足一番。我記得我評論馬烽小說的時候，沒有評他的畫那麼興高采烈，原因很簡單，因為我對畫是外行，他作畫是業餘。而且是口頭評論，沒有文責，只有高興。馬烽的畫還是有點意思的。我是在1997年前後才注意到這一點。馬烽寫小說講究寫實，畫畫也講究寫實，在寫實中富有寓意。有一年，馬烽畫了一幅鄭板橋式的《竹》，上面題字：『節節高寧折不彎腰』。這大概不妨看成是馬烽的人生座右銘。馬烽家的房前有一個小院，院裏種了不少豆角、黃瓜、番茄之類，還種了絲瓜。馬烽似乎對絲瓜情有獨鍾，畫過好幾幅絲瓜。馬烽說，絲瓜好啊，瓜嫩的時候，可以炒菜上席，等到長老了，又能給人搓背擦身。絲瓜從小到老對人都有用。馬烽還在他的畫上題字：『嫩瓜能佐餐，老讓可潔身。』這大概可以看作是馬烽對自已一生的總結。馬烽還畫了一幅新畫，畫面是兩盆大大的仙人球。仙人球上生出幾株長箭，上面開著白色大花。題字最妙，寫了『刺兒頭上起白雲』。經歷了『文化大革命』的馬烽，痛恨死了那種『頭上長角，身上有刺』的造反派人物，畫此畫大概有所寄寓吧。」

　　李國濤還專門為此寫過一篇文章：〈畫裏畫外馬烽〉。這大概正是兩位老人「心有靈犀一點通」的共鳴之處。

顯然，馬烽在他的畫作中寄寓了某種情感和記憶。

有一次，馬烽對我說：「我聽到一個小道消息，不過我挺相信。『文化大革命』中，許多大道消息不都是從小道得來的？鄧穎超說周總理臨終前在病床上，提出了自己心中的疑惑，周總理說，馬克思主義哲學，真是一部鬥爭哲學嗎？鬥來鬥去，就能鬥出一個共產主義的明天？這像是周總理說的話。」

我說：「悲哀的是周總理生不逢時，他遇上了好鬥的毛澤東。也許，按周總理的建國和執政理念，中國可以避免很多災難。可他在毛澤東的陰影下，很難堅守自己的意見。真可以用上周瑜臨終的那句悲嘆：『既生瑜，何生亮。』」

馬烽沒有吭聲，也沒有制止。

且按下馬克思主義的哲學或共產黨的哲學是不是鬥爭的哲學不論，無可置疑的是，毛澤東的哲學則肯定是鬥爭的哲學。「八億人民，不鬥行嗎？」；「鬥則進，不鬥則退。」；「與天奮鬥，其樂無窮；與地奮鬥，其樂無窮；與人奮鬥，其樂無窮。」……諸如此類的字句充斥毛澤東語錄。中國的版圖是「雄雞一唱天下白」，毛澤東就是一隻好鬥的公雞。他掌控了中國的版圖。於是，九百六十萬平方公里的土地上，「六億神州盡舜堯」，鬥來鬥去，十一億人民一個個都鬥成了烏眼雞。

毛澤東的好鬥是融入血液、滲入骨髓的。1962年9月，毛澤東親自主持召開了中共八屆十中全會，做了《關於階級、形勢、矛盾和黨內團結問題》的報告，向全黨全民發出了「千萬不要忘記階級鬥爭」的號召。毛澤東在會議公報上特別加了這樣一段話：「在無產階級革命和無產階級專政的整個歷史時期，在由資本主義過

渡到共產主義的整個歷史時期（這個時期需要幾十年，甚至更多時間），存在著無產階級和資產階級之間的階級鬥爭，存在著社會主義和資本主義這兩條道路的鬥爭。」1958年5月，在中國共產黨八屆二次會議上，毛澤東明確提出了「設置對立面」的命題。會議期間，毛澤東多次講到：設置對立面很重要。其實，再往前推，早在延安時期，毛澤東在談對矛盾的鬥爭性和統一性問題時，就已經流露出「設置對立面」的思維傾向。毛澤東認為：鬥爭性寓於同一性之中。沒有鬥爭性就沒有同一性；對立的統一是有條件的、暫時的、相對的，而對立的互相排斥的鬥爭則是絕對的。毛澤東在《矛盾論》中說：「有條件的相對的同一性和無條件的絕對的鬥爭性相結合，構成了一切事物的矛盾運動。」毛澤東還根據列寧所說的「相對的東西裏面有著絕對的東西」的論述，做了如下發揮：「依一時說，統一是絕對的，鬥爭是相對的；依永久說，統一是相對的，鬥爭是絕對的。」毛澤東還說：「統一即事物的暫時安定。事物的安定在暫時是絕對的，在永久是相對的。」只不過，那時候大敵當前，前有日本侵略者，後有蔣介石反動獨裁政權，還需要全黨精誠團結，一致對外。所以，僅僅是從理論上闡述，沒有在實際中付諸「設置」。然而1949年以後，情況變了。一旦大權在握，革命黨轉化為執政黨，攘外主題也就轉化為安內主題。毛澤東一直在人為設置對立面：高崗、饒漱石反黨小集團；彭德懷、張聞天軍事俱樂部；劉少奇、鄧小平資產階級司令部；林彪篡黨叛國陰謀小集團；直到1976年「四五」鄧小平的資產階級回潮「裴多菲俱樂部」。對立面的設置，毛澤東至死也沒有停息過片刻。毛澤東的人生主導思想，就是一個「鬥」字。

我說：「毛澤東的『不斷革命』思想，就是他鬥爭哲學的另一種表達。您說，如果毛澤東不死，中國的爭鬥可能停下來嗎？可能轉到以經濟建設為中心的軌道上來嗎？」

馬烽笑笑，眼珠子看著其他地方，說了一句：「家雀兒哪知道雄鷹往哪飛，那就不是咱們關心的事情了。」

停頓片刻，馬烽收起笑容，挺嚴肅地說：「我挺敬服周總理，還是認同周總理的人生觀。我聽天津文史館的人說，周總理還在南開中學上學的時候，就寫過兩篇文章，文鄒鄒的些詞，我可給你學不上來了。反正一個意思，就是孔子的個中庸之道。我的理解，中庸之道就是一個平衡藝術吧？周總理是搞平衡的高手。你說『文革』中多難？政治上的事需要平衡，經濟上的事也需要平衡，各種人際關係需要平衡。各類人物的心態還需要平衡。不能按下葫蘆浮起瓢。不能壓翹翹板，這頭壓下去，那頭突起來。平衡技巧是一種重要的領導藝術，是政治上成熟的一種標誌。要不周總理在全國人民心目中有那麼高的威望。」

馬烽也有搞平衡中庸的領導藝術。

馬烽還說：「中庸就是掌握分寸、適可而止；中庸就是與人為善，不走極端。」

周恩來在南開中學上學時，寫過兩篇文章：一篇題為〈子輿氏不言利，司密氏好言利，二說孰是，能折衷言之歟〉。周總理在文章中闡明的觀點是：「若夫中國之今日，財盡矣，德衰矣，司農有仰屋之悲，君子有道喪之慨，言利則德不足以副之，言義則民窮足以困之，是非二氏之說而法之，不足圖根本之補救。民德民生，雙峰並峙，兩利皆舉。」另一篇的題目是〈老子主退讓，赫胥黎主競爭，二說孰是，試言之〉。誰都清楚，老子哲學和赫胥黎的

天演論，是兩種反差極大的哲學理論，但周恩來找到了兩者之間的共同性。他寫道：「惜老氏主退讓，赫氏主競爭，二氏之說，容有不容一致者。語云：冰炭不同爐，二氏殆無類此耶？曰：非也。二氏固未為冰炭，且所持之道，實一而二，二而一也。吾子殆未之深思也。」

　　這大概就是馬烽所言周恩來的兩篇文章。

　　我從馬烽隻言片語的談話中，感受到馬烽的些許心理。

　　可惜而且遺憾的是，馬烽終究沒有等到中共中央提出「構建和諧社會」這一理念的那一天。我想，這大概是一個忠誠的共產黨員馬烽所期盼的。

# 尾聲：請君瞑目

現在可以回到文章的開始部分了。

我問馬烽夫人段杏綿：「馬老對人世間如此眷戀不捨，他還有什麼未了的心願？」

段杏綿說：「馬烽在2001年大病過一場，肺氣腫和高血壓引發的心衰已使他喘不上氣來，難以控制大小便。醫院發了幾次病危通知書。大夫們幾次把他從死亡線上挽救回來。從初冬住進醫院，直到第二年6月進入夏天後才出院。經過一年多的吃藥、調理、休養，他的身體剛剛恢復了些，到2003年夏天，他已經能走出屋門，到辦公院去看大家打羽毛球。身體的恢復和他的生活規律很有關係，這是他的長處，又徹底戒了煙酒，每天晚上9點到10點睡覺，上床躺下就能入睡。體重也增加了幾斤，2002年冬天沒有再住醫院。自從他思謀上改編電視劇《呂梁英雄傳》，就又出現以前創作時期的失眠狀態，不得不靠安眠藥入睡。許多人曾多次勸他不要介入電視劇的改編，但他放不下。他說，他以半部《呂梁英雄傳》起家，也要以《呂梁英雄傳》的改編為他一生的創作劃上一個圓滿的句號。」

馬烽的愛女夢妮說：「老爸他還圖什麼呢？一部電視劇《呂梁英雄傳》的改編，他就是原作者，這部作品本身是源於小說的魅力。如果改編成功那還好說，但也不會再在他已有的光環上增添多少輝煌；可若改編不成功，卻要承擔名譽損失。」

功成名遂的馬烽，早已不是出道伊始的小青年，他編劇的電影都拍了八、九部，他還那麼在乎一部電視劇嗎？

成一在〈追思馬烽老師〉一文中，有這樣一段話：

> 我一直覺得，馬烽老師在二十世紀五十年代末、六十年代初，寫出《我的第一個上級》、《三年早知道》等作品時，正是他藝術生涯中「再入佳境」的關口。可惜不久來了「文革」，一切都付諸東流了。十年後「文革」結束，他雖做了卓絕的努力，但我覺得一直未能再續那被中斷的「佳境」。有創作實踐的人都知道，一種好的「競技狀態」，一旦錯過，實在是再難追尋的。馬老師在當代文學史上，已經留下了獨特的一筆。但他的文學才華，似乎還沒有得到最充分的發揮。這是令人惋惜的。他生前沒有對我們說過這其中的痛苦，但我想，他在辭世的時候，一定是不忍放手他最鍾情的文學事業的。

張石山在〈焚盡膏骨，燭照烽臺——走近遠去的馬烽老師〉一文中有這樣一段話：

> 我擔任《山西文學》主編期間，刊物頭條發表了馬烽老師的散文〈憶童年〉。我非常喜歡那樣抒發個人真情實感的文章。我甚至直接對馬老師說，這是迄今為止我看到他的最好的作品！我心裏暗暗想過，以馬老師的豐富生活閱歷，假如他換一種思路，從另外的角度來加以敘述，摒棄所謂

革命理念，揭示歷史深層真實，他將能寫出多少另外的作品來呀！

作為學生輩的成一、張石山，把心中的想法表達得十分委婉。但也代表了不少人心中對馬烽的真實評價和由衷的惋惜，還有深深的遺憾。

這是一代有才華作家共同的時代悲劇。

段杏綿說：「馬烽為了改好劇本，他把《呂梁英雄傳》裏的主要人物，無論正面的、反面的都一個個寫出來，記在筆記本上，力求與改編的同志談得滿意、全面、完整，並且把小說中寫得簡單化、概念化的人物再補充、修改，使之豐滿起來。馬烽反覆強調，一定要體現出中華民族在面對外來侵略時所表現出的民族氣節和民族精神。」

張石山也講到他在改編過程中，與馬烽探討劇中人物的情形：

馬老師對自己的原著有相當清醒的認識，坦誠承認當時年輕，寫作功力遠遠不夠。將一些民兵英雄的故事串編起來，也不很合乎長篇小說的結構章法。如今要改編電視劇，必然有重新結構故事骨架的任務。

比如對地主康錫雪的描寫，其政治態度好像天然要投靠鬼子，其生活作風是個扒灰的公公，馬老師承認那並不是從生活出發，而是從某種理念出發的東西。杏綿老師在一旁插言說：「在我們河北，最先起來打鬼子的，也是地主。」是啊，地主不僅有家產需要保護，他們又何嘗沒有絕不弱於一

般農民的強烈民族感情；地主的子弟們讀聖賢書而有新文
化，有鮮明的民族觀念，極高的抗日覺悟，何況地主們也有
實力購買槍支、組建抗日隊伍。這實在是人所共知的事實。
馬老師則一再強調，當時我們的晉綏邊區，有牛友蘭、劉少
白等著名開明紳士，毀家紓難，積極參與支持了中華民族的
抗日事業。賀龍的120師，冬天沒有禦寒衣服，僅牛友蘭一
次捐獻就裝備了八路軍整整一個團！不幸的是，當抗日剛剛
勝利，我們在土改運動中就殘酷鬥爭了牛友蘭這樣的功臣，
給牛先生拴了牛鼻矩來遊街批鬥，直至迫害至死。馬老師
說，我們的電視劇要側面介紹這些開明紳士，表彰他們的歷
史功績。

《呂梁英雄傳》原著裏曾經寫過一個維持會長漢奸康順風。
對此，我提出了自己的看法。維持會長一類人物，被老百姓
推選出來，一面要服從八路軍的命令，一面要伺候日本鬼
子。為了一地平安，他們兩頭挨巴掌，甚至兩頭都可能要他
們的性命。他們是多麼的不容易！最讓人不平的是，在他們
的身後，仍然被說成是漢奸。包括馬老師、西老師的原著，
也把他們打成了漢奸。時隔六十多年，應該還歷史以本來面
目，應該還他們一個清白，應該給他們應有的評價乃至表
彰。不然我們作家的良心都讓狗吃了！馬老師經過考慮，完
全同意刻畫這樣一個「中間人物」。我想，這樣的「中間人
物」何嘗不也是咱們呂梁山裏的英雄人物呢？

　　愛女有著對父親的深深理解，夢妮說：「我也理解老爸，一個
人活著就有一個人活著的方式，有著自己對生命的思考和理解。他

選擇了文學這種對生命意義的表達方式……他們這一代人總是以這種看似平淡的方式，直擊生命的本意。」

馬烽是把《呂梁英雄傳》的改編，看作是一個作家對六十年前那場戰爭的重新思索，是對自己創作道路的回顧和總結，是對人生價值、生命意義的拷問和追求。

我們終究沒能領略到馬烽新的思考。這是馬烽的遺憾，恐怕更是我們中國文學史的遺憾。

近些年來，許多文章寫到文化名人的晚境：陳徒手的〈午門下的沈從文〉；余杰的〈孤獨的蔡元培〉和寫戲劇大師曹禺的〈晚年悲情〉；柳鳴九的〈朱光潛的曲折人生之途〉等等，都描述了一代文化宗師晚境的孤寂悲情。人生苦短生命不再，寂寥晨星疏、前不見古人後不見來者、念天地之悠悠獨愴然而涕下，西風古道瘦馬、老藤枯樹昏鴉、夕陽西下、斷腸人在天涯，英雄末路、美人遲暮、明星謝幕，心理上油然而生一種惆悵惘然、遺憾不甘，「死不瞑目」，原本也是人類，更是文化人的共性共名。

然而我想，馬烽的「死不瞑目」，恐怕還有著更深一層的心理內容。

馬烽在參加革命前，從母親身上所耳濡目染的儒家文化影響，使他本能地保持了一種「仁愛之心」。

儒家「知其不可而為之」，「惟其義盡，所以仁至」的文化積澱，「隨雨潛入夜，潤物細無聲」，融化於馬烽的遺傳基因和生命血脈中。

馬烽在回憶到母親的種種「善舉」、「善行」時，說了這樣一句話：「她這種為人處世的哲學，如果用以對付民族敵人、階級敵

人，當然是錯誤的；如果用以處理家庭、鄰里之間一些無原則的糾紛，倒也無可厚非。」（馬烽還在力圖「劃大線，切西瓜」？）

共產黨的哲學就是鬥爭的哲學，講究的原則是：「親不親，階級分」、「世界上沒有無緣無故的愛，也沒有無緣無故的恨」、「鬥則進，不鬥則退」，它和儒家文化傳承的「己所不欲，勿施於人」、「仁者愛人」構成了馬烽心中的矛盾和困惑。

所謂「不安」，原本來自《論語》中孔子問宰我不服三年之喪的「汝安乎」。「不忍」來自孟子「聞其聲不忍食其肉」從而以羊易牛的故事，都是非常明確的人生經驗心理。（毛澤東批判的「經驗主義」和「本本主義」？）

哈佛大學教授Edward Wilson在《論人的天性》一書中，對以包括遺傳基因在內的更新的研究，做出了這樣的結論：

> 有一點是確定無疑的，這種自我獻身的衝動不必解釋為神聖或超驗的，我們有理由去尋找更為常規的生物學解釋。

> 人的利他主義的多數表現，說到底都會有自利的成分。

> 人的憐憫心也是有選擇性的，常常最終是自利的。

> 利他主義自然要服從生物學法則。

> 人的一切利他行為都受到一種強烈情感的支配。

> 以感情為基礎的直覺的選擇的觀念，其根源是生物的。

這個受「強烈情感支配」，如此崇高的「利他」的「道德」行為，實際乃生物族類經由競爭為維護、延續生存的情感本能產物。「道德並沒有其他可以證明的最終功能」。這是「同情心」、「惻隱之心」、「不安不忍」的真實根源。

又回到一個古老的命題：本能與理性的衝突。

或者換言之：佛洛德心理分析法的表述：本我、自我、超我層面的轉換。

或者再換言之：道德層面和政治層面的當代矛盾。

段杏綿以〈請君瞑目〉送別夫君。

莫道陽間少知己，天下誰人不識君。我們在努力解讀馬烽。

2007年10月起稿於蒙特利爾

2008年3月二稿於太原

2008年6月定稿於太原

國家圖書館出版品預行編目

馬烽無「刺」：回眸中國當代文壇的一個視角 / 陳為
人著. -- 一版. -- 臺北市：秀威資訊科技，
2010.07
　面；　公分. -- (史地傳記類；PC0117)
BOD版

ISBN 978-986-221-486-2(平裝)

1.馬烽　2.作家　3.傳記　4.中國

782.887　　　　　　　　　　　99008495

史地傳記類　PC0117

# 馬烽無「刺」
## ——回眸中國當代文壇的一個視角

作　　　者／陳為人
主　　　編／蔡登山
發　行　人／宋政坤
執 行 編 輯／蔡曉雯
圖 文 排 版／陳湘陵
封 面 設 計／陳佩蓉
數 位 轉 譯／徐真玉　沈裕閔
圖 書 銷 售／林怡君
法 律 顧 問／毛國樑　律師
出 版 印 製／秀威資訊科技股份有限公司
　　　　　　台北市內湖區瑞光路583巷25號1樓
　　　　　　電話：02-2657-9211　傳真：02-2657-9106
　　　　　　E-mail：service@showwe.com.tw
經　　　銷　商／紅螞蟻圖書有限公司
　　　　　　台北市內湖區舊宗路二段121巷28、32號4樓
　　　　　　電話：02-2795-3656　傳真：02-2795-4100
　　　　　　http://www.e-redant.com

2010 年 7 月　BOD 一版
定價：320 元

・請尊重著作權・
Copyright©2010 by Showwe Information Co.,Ltd.

# 讀 者 回 函 卡

感謝您購買本書，為提升服務品質，煩請填寫以下問卷，收到您的寶貴意見後，我們會仔細收藏記錄並回贈紀念品，謝謝！

1. 您購買的書名：＿＿＿＿＿＿＿＿＿＿＿＿＿＿＿＿＿＿＿＿＿

2. 您從何得知本書的消息？

　　□網路書店　　□部落格　　□資料庫搜尋　　□書訊　　□電子報　　□書店

　　□平面媒體　　□ 朋友推薦　　□網站推薦　□其他＿＿＿＿＿＿

3. 您對本書的評價：(請填代號　1.非常滿意 2.滿意 3.尚可 4.再改進)

　　封面設計＿＿　版面編排＿＿　　內容＿＿　文/譯筆＿＿　　價格＿＿

4. 讀完書後您覺得：

　　□很有收獲　□有收獲　□收獲不多　□沒收獲

5. 您會推薦本書給朋友嗎？

　　□會　□不會，為什麼？＿＿＿＿＿＿＿＿＿＿＿＿＿＿＿＿＿＿

6. 其他寶貴的意見：＿＿＿＿＿＿＿＿＿＿＿＿＿＿＿＿＿＿＿＿＿

＿＿＿＿＿＿＿＿＿＿＿＿＿＿＿＿＿＿＿＿＿＿＿＿＿＿＿＿＿＿

＿＿＿＿＿＿＿＿＿＿＿＿＿＿＿＿＿＿＿＿＿＿＿＿＿＿＿＿＿＿

＿＿＿＿＿＿＿＿＿＿＿＿＿＿＿＿＿＿＿＿＿＿＿＿＿＿＿＿＿＿

## 讀者基本資料

姓名：＿＿＿＿＿＿＿＿＿＿　年齡：＿＿＿＿　性別：□女 □男

聯絡電話：＿＿＿＿＿＿＿＿＿　E-mail：＿＿＿＿＿＿＿＿＿＿

地址：＿＿＿＿＿＿＿＿＿＿＿＿＿＿＿＿＿＿＿＿＿＿＿＿＿＿＿

學歷：□高中(含)以下　　□高中　　□專科學校　　□大學

　　　□研究所(含)以上 □其他＿＿＿＿＿＿＿＿

職業：□製造業 □金融業 □資訊業 □軍警 □傳播業 □自由業

　　　□服務業 □公務員 □教職　□學生 □其他＿＿＿＿＿＿

To：114

台北市內湖區瑞光路 583 巷 25 號 1 樓

秀威資訊科技股份有限公司　　收

寄件人姓名：

寄件人地址：□□□

------------------------------------------------

(請沿線對摺寄回,謝謝!)

## 秀威與 BOD

BOD（Books On Demand）是數位出版的大趨勢，秀威資訊率先運用 POD 數位印刷設備來生產書籍，並提供作者全程數位出版服務，致使書籍產銷零庫存，知識傳承不絕版，目前已開闢以下書系：

一、BOD 學術著作—專業論述的閱讀延伸
二、BOD 個人著作—分享生命的心路歷程
三、BOD 旅遊著作—個人深度旅遊文學創作
四、BOD 大陸學者—大陸專業學者學術出版
五、POD 獨家經銷—數位產製的代發行書籍

BOD 秀威網路書店：www.showwe.com.tw
政府出版品網路書店：www.govbooks.com.tw

永不絕版的故事·自己寫·永不休止的音符·自己唱